セーヌ川

マルセイユ・メトロポールの浄水場

ボルドーの下水道事業の監視制御（RAMSES）システム

リヨンの給水塔

パリ市内で現在も給水する19世紀の
ヴァラス水栓の一つ（6区）

パリ市下水道博物館（入口）

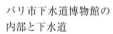

パリ市下水道博物館の
内部と下水道

フランスの上下水道経営

～PPP・コンセッション・広域化から日本は何を考えるか～

加藤 裕之

福田 健一郎

日本水道新聞社

目次

用 語 集

アフェルマージュ	DSPに含まれる類型の一つ。民間事業者の事業内容に施設の運転や維持管理、修繕などを含むが、初期投資は含まず、大規模な建設・更新投資も含まない。民間事業者は主に利用者からの料金収入で経費回収する。
オー・ド・パリ	Eau de Paris。パリ市の上下水道事業を管理する公的事業体（日本の地方独立行政法人に相当する、パリ市が設立したEPIC（商工業的公施設法人））である。
オルドナンス	フランス共和国憲法第38条により、政府がその政策を執行するために、通常は法律の領域に属する措置を、一定の期間講じることについて議会に承認を求めることができるとされている。オルドナンスはその承認に基づいて政府により発効される。発効後は、一定期間内での議会による追認が必要となり、それが得られない場合、効力が失われる。
環境連帯移行省	Ministère de la Transition écologique et solidaire。通称「エコロジー省」とも呼ばれ、水を含むフランスの環境や持続可能な開発に関する政策を所管している。
行政財産賃借権	Bail Emphytéotique Administratif。長期リース契約を利用した委託手法。
公共調達法典	Code de la commande publique、CCP。委託などの公共調達、日本のサービス購入型PFIに相当するCP、DSPに関する調達手続について定めた2019年4月に施行された法律。
コンセッション	Concession。フランスのDSPに含まれる類型の一つ。民間事業者の事業内容に建設投資を含み、主に利用者からの料金収入で経費回収する。
ジェランス	Gérance。DSPに含まれる類型の一つ。公共が一定の業務対価を民間事業者に支払う形式。契約条件によってはDSPに区分されないケースもある。
水管理庁	Agence de l'eau。環境連帯移行省が所管する、日本の独立行政法人に相当する「行政的公施設法人（Établissement public à caractère administratif)」の一つである。流域ごとに6カ所設置されており、水資源の使用に対する目的税的賦課金（ルドヴァンス）の徴収と、賦課金を原資とした水質汚濁防止や除去等を目的とした事業への資金提供の役割を担う機関。
地域公共サービス諮問委員会	CCSPL（Commissions Consultatives des Services Publics Locaux）。ある一定規模を超える大きさの上下水道事業において、議員や住民代表などを委員として設立することが義務付けられている委員会。委員会が、上下水道サービスの料金や品質の確認、DSP実施前の諮問を受けるなどの役割を担う。

ノートル法	共和国の新たな地方組織に関する法律（Loi n° 2015-991 du 7 août 2015 portant nouvelle organisation territorial de la République、Loi NOTRe）。2015年8月7日に成立した法律である。従来、事業主体の権限を広域連合体に移行することが任意であった、都市圏共同体とコミューン共同体の広域連合体に加盟しているコミューンでも、水道事業および下水道事業の実施権限が広域連合体に移譲された状態であることが2020年1月1日をもって義務化されることを規定している。
レジー	Régie。DSPを採用せず、コミューンまたはEPCIが運営している事業であり、DSPではない民間発注や包括的民間委託などを実施しているもの、EPICが運営しているものがレジーの範疇に含まれる。
レジーアンテレッセ	DSPに含まれる類型の一つ。公共が業務対価を民間事業者に支払う金額が、民間事業者の業務成果に連動する方式。個々の契約条件に応じ、判例に基づきDSPとされるケースとそうではないケースがある。
ルドヴァンス	Redevance。水管理庁が利用者から環境法典（Code de l'environnement）L213-10条に基づき徴収する目的税に類する賦課金。地方公共団体が利用者から水道・下水道サービス提供の対価として徴収する料金とは異なる。
CGCT	地方団体総合法典（Code général des collectivités territoriales）フランスにおける地方行財政について定められている。
CP	官民協働契約（Contrat de partenariat）。DSPとは異なる官民連携手法として扱われ、DSPが主として経費を利用者からの料金収入により直接回収するのに対し、CPは公共調達の一類型として、公共から延払いにより対価が支払われる。すなわち、CPは日本におけるサービス購入型PFIと同様と言うことができる。2019年の公共調達法典において、Marché de partenariat（官民協働調達）と名称が改められた。
DSP	公共サービスの委任（délégation de service public）。コミューンまたはEPCIが事業主体かつ施設の所有者であり続けながら、民間企業に一定期間事業の運営権を与える方式。具体的には、コンセッション方式、アフェルマージュ方式、ジェランス方式、レジーアンテレッセ方式等がある。
EPCI	コミューン間協力公施設法人（Établissement public de coopération intercommunale）。税財源の権限移譲の有無により、大きく、EPCI à fiscalité propreとEPCI sans fiscalité propreに分かれる。
EPCI à fiscalité propre	EPCI-FPとも表記される「税財源のあるEPCI」。日本には類似の仕組みはないが、コミューンは存続しながら、税財源も含めた広範な権限移譲が行われ上部組織として「広域連合体」が設立される。メトロポール、大都市共同体等、人口規模等によっていくつかの種類がある。
EPCI sans fiscalité propre	「税財源の移譲が無いEPCI」であり、いわゆる日本の一部事務組合に相当するいくつかの仕組みを総称するもの。

EPIC	商工業的公施設法人（Établissement public à caractère industriel et commercial）。行政機関そのものからは法人格が独立した、商工業的サービスを扱う公施設法人であり、日本の地方独立行政法人に類似する。
ONEMA	水・水生環境局（Office national de l'eau et des milieux aquatiques）。2006年12月30日の「水と水生環境に関する法律」とそれによって改められた環境法典の規定に基づき2007年に現在の環境連帯移行省に設置された機関であり、2016年以降は、日本の独立行政法人に相当する「行政的公施設法人（Établissement public à caractère administratif）」である、フランス生物多様性庁（Agence française pour la biodiversité）内の組織となっている。上下水道サービスのモニタリングを行っている。
RAD	Rapport annuel du délégataire。DSP契約の実績や業務・サービスの質に関してDSP受託事業者から発注自治体に提出される年次報告書のこと。
RPQS	Rapport sur le prix et la qualité des services。CGCT L2224-5条に基づき、地方公共団体が作成する上下水道事業の年次報告書（Service（サービス）に関するPrix（価格）とQualité（質）に関するRapport（報告書）で、RPQSと呼ばれる）。
SDAGE	Schémas directeurs d'aménagement et de gestion des eaux。水資源管理基本計画。1992年水法により導入され、各流域単位での総合的な水の開発と管理のために定められる。
SEDIF	イル・ド・フランス水組合（Syndicat des Eaux d'Île-de-Franc）。1923年に設立されたフランス最大の給水人口の水道事業。
SEMOP	Société Economique Mixture à opération unique。官民共同出資会社。単一の契約に対して設立が可能な官民連携出資会社であり、公共の出資は34%～85%の範囲、民間の出資は全ての出資者が最低15%以上保有することが義務付けられている。また、当該契約の終了時に自動的に会社を解散することが義務付けられている（CGCTL1541-1条）。
SIAAP	Syndicat interdépartemental pour l'assainissement de l'agglomération parisienne、パリ圏広域下水処理組合。主にパリ市や隣接3県を含む一帯のコミューンの汚水を処理する6つの処理場とそれを結ぶ450kmの主要幹線を管理する下水道事業の組合。
SISPEA	Système d'information des services publics d'eau et d'assainissement。上下水道サービス情報システム。フランス全土の水道事業および衛生事業に関する情報データベースシステムであり、ONEMAが構築・管理を実施している。
SPL	地方公共会社（Société publique locale）。少なくとも2つの地方公共団体により設立される公100%出資会社であり、2010年5月の法改正で設立可能になった。事例として、ブレストのEau du Ponant等が挙げられる。
TVA	Taxe sur la valeur ajouté。フランスにおける付加価値税。

第1部 はじめに

　フランスは、私が興味を持っている国の一つです。世界的な名画を見ることができるルーブル美術館、フランス料理やワイン、パリコレと聞けば心躍る人も多いと思います。東京2020オリンピック・パラリンピックの次の舞台はパリ、そしてラグビーワールドカップの次回開催国もフランスです。

　私は2018年、そんなフランスに観光ではなく、上下水道の実情を調査に行く機会に恵まれました。フランスに行くきっかけとなったのは、同年に開かれた政府の財政制度等審議会の中で、下水道の財政制度やフランスが長年にわたり経験を有するコンセッション等のPPPについて議論がなされたからです。なぜ、フランスが挙げられたのか。その大きな理由の一つは、フランスの上下水道が民営化されていない、日本と同じ基礎自治体が運営する事業であるからです。

　フランスの下水道事業では新設・改築を含めて使用料以外の財源として税による公的な支援は行われているのかどうか。PPPが成功する秘訣は何か。また、PPPは減少しているのかなどの実態を調査しました。日本で推進されはじめている広域化についても最新の政策を知ることができました。

　同年12月の水道法改正での国会審議ではコンセッション等について日本のマスコミでも大きく取り上げられました。フランスでは多くのコンセッションが行われている一方で、その再公営化が進んでいるといった報道もありましたが、調査の中で、現地ではコンセッションの導入割合は必ずしも高くなく、再公営化が進んでいるわけでもなく、

多様なPPP手法が展開されていることが分かるなど、意外な発見も多くありました。

　また、下水道の公的支援についても、新設・改築を問わず、ルドヴァンスと呼ばれ、流域を単位として税に類する賦課金を活用した水環境保全を目的とする制度が機能しているなど、日本にいるだけでは十分には分からない多くの事実やその背景を伺い、知ることができました。

　上下水道というローカルなインフラを考える時には、同時にグローバルの視点を持ち、海外の実情なども正確に知っておく必要があることを改めて認識しました。

　帰国後は、特にPPPについての関心の高さから、全国各地でフランスの上下水道経営手法について、講演をさせていただきました。本書は、日本下水道新聞（日本水道新聞社）で連載した「『違い』から考える　下水道の未来」に端を発し、講演会等で皆様から頂戴した多くの質問に答えるべく、改めて調査した内容をとりまとめたものです。2019年には、私は再度、フランスを訪問し、その経験も踏まえて執筆しました。また、本書は、海外の諸制度について、なるべく現地での名称・表記を尊重しており、日本のコンセッション等のPPPはDSPと記したり、コミューンの広域連合体や事務組合であるEPCIと、日本の地方独立行政法人に当たるEPICという類似の表記が同一文中に記されたりと読み進める上でご注意いただく箇所があることをご容赦ください。

　本書では、まず第2部に、フランスの上下水道事業の歴史と概要を記しました。歴史物語を読むように読んでいただいても構いませんし、事業の根拠となる法制度や行政組織について日本と対比しながら書いていますので日本の制度についても知ることができると思います。官民連携を含めた様々な運営形態の類型についても概要を記して

います。

　第3部では、流域を単位とする財政制度について記しています。フランスでは、水使用者からの料金収入とととともに、水環境・生態系保全を目的とする流域単位の補助金制度が存在しており、各上下水道事業に配分されていました。とりわけ、広域的かつ公的な役割を担う下水道事業の主要な財源となっていました。

　第4部では、料金制度について記しています。料金設定の基本的な考え方とともに、実際の料金設定、日本の都市との比較を行いました。

　第5部では、日本でも重要政策の一つとなっている広域化について記しました。フランスの基礎自治体であるコミューンは人口規模が小さいため、その広域化について期限付きの法的な規制措置を設けて推進されています。また、組合組織など、様々な広域的組織についても記しています。今後の、日本の各地域における広域化のあり方を考えていく上でも、大いに参考になるものと思います。

　第6部では、官民連携について詳しく調べた結果について記しています。日本と同じく基礎自治体が運営する事業であるフランスで導入されている様々な官民連携形態とそれぞれの特徴、また、コンセッション等の導入状況について示しました。その結果は、渡仏前の私のイメージとはかなり異なるものでした。さらに、2018年の水道法改正時に議論となったパリ市の再公営化の真実についても調査結果をとりまとめています。これについても、先述したように日本国内での報道等と現地での調査結果はかなり異なるものでした。

第7部では、事業評価のための指標やベンチマーク等について記しています。フランスでは、法律に基づく指標やベンチマークの仕組みが存在し、事業経営の改善と透明性確保のために機能しています。今後の経営改善、PPP導入をスムーズに進めるための政策として、大変に参考となる仕組みだと考えています。

　第8部では、ドイツと、完全に民営化されているイギリスについて上下水道事業の概要を紹介し、第9部では、日本の上下水道事業への示唆をまとめています。また、本書では、上下水道事業を専門とする3名の学識者のインタビューや、フランスの事業体との連携に取り組んでいる横浜市からの寄稿も掲載しています。

　さて、日本の上下水道は現在、様々な課題に直面しており、長い上下水道事業の歴史の中でも大きな変曲点にいると考えます。生物がそうであるように、同じ秩序のもとで拡大・成長した組織はいずれエントロピーが増大し、乱雑となり、老朽化、崩壊しますが、また、新たな秩序を発見すれば進化を続けていきます。どう変化し、新たな秩序を創っていくか？今が踏ん張り時です。

　その根本的、持続的な解決策として最も大切なことは、グローバルとローカルの両方の視点を有し、上下水道についての自分自身のビジョンを持って行動する人材の育成であると考えています。人材育成とは、決して若い人の育成ということだけではありません。今の上下水道界のリーダーと言われる人にも求められるものです。
　本書が、上下水道に関わる多くの皆さまのお役に立てれば幸いです。

加藤　裕之

第1章 フランスの上下水道事業の歴史

1. 近代上下水道整備以前

　ポン・デュ・ガール（Pont du Gard）といえば、上下水道に携わる者であれば一度は耳にしたことがある名称ではないだろうか。ポン・デュ・ガールは、フランス南部のニームの街に水を運ぶために、ガール川に架けられた橋であり、古代ローマのクラウディウスまたはネロの治世下で西暦50年頃に建造された水道橋である。

　その橋の規模は全長275m（水源からの導水路の延長は50km）、高さは12階建てのビルに相当し、セメントなどを一切使わずに6tもの石材が積み上げられている。古代ローマ人の土木建築技術には驚かされるばかりである。ここで焦点を当てるべきは、なぜローマ人がこの巨大な建造物を川に架けてまで、50km遠方の水源地から水を引いてきたかである。ローマ人は、既にこの時代において、川の汚染が伝染病の原因となることを知っていたのではないだろうか。のみならず、都市の発展に水は欠かせないと理解していたのではないだろうか。だからこそ、これほど遠方の水源地から新鮮な水を引こうとしたと考えられる。

　一方で、この時代の下水道については、帝国の首都ローマにおいて「最大の下水」を意味するクロアカ・マキシマ（cloaca maxima）と

■写真2-1　ポン・デュ・ガール橋

出典：著者撮影

呼ばれる下水道システムが整備されていた。しかし、古代ローマ時代にはまだ発展していなかった現在のフランスに当たる地域においては、簡易的なトイレ（下水管が接続されていないトイレ）が長年使用されていた。

2. パリ市における上下水道の発展

　パリ市での水道の始まりは、13世紀に北東丘陵部にある湧水を水源にした自然流下の水道であるとされている。その後、1606年にアンリ4世がセーヌ川からの揚水を認め、その水を飲料水として利用する試みとして、セーヌ川に架かる橋であるポン・ヌフ（Pont Neuf）の架橋に合わせて、ポンプ施設が設置された。これは、エンジニアであるジャン・ラントラエル（Jean Lintlaër）の提案によるものであり、市内のルーブルの区域などに水を供給し、「ポンプ・ド・ラ・サマリテー

┃写真2-2　ポン・ヌフ（写真中央のアーチ付近にかつてサマリア人のポンプが設置されていた）

出典：著者撮影

ヌ（サマリア人のポンプ、pompe de la Samaritaine）」と呼ばれた。さらに、その後もセーヌ川の河川水汲み上げによる飲料水利用の試みは継続され、1670年にエンジニアであったダニエル・ジョリー（Daniel Jolly）がパリ市に提案し、ノートル・ダム橋（Pont Notre-Dame）のたもとにポンプ施設を建設したが、大きな成果は上がらなかった。

　人口流入により、パリ市は慢性的な水不足を経験する。水不足解消のため、より遠方の水源利用の試みとして、1762年にパリ市郊外南西部を流れるイヴェット（Yvette）川の水をパリ南部に導水する案が提示されたが、実現はしなかった。

　ジャック＝コンスタンタン・ペリエ（Jacques-Constantin Périer）

らが1777年のルイ16世の勅許により、イギリスから輸入した蒸気機関による揚水場建設とパリ市民への各戸給水事業を開始し、1778年に合資会社であるパリ水道会社（la Compagnie des Eaux de Paris）を設立した。また、1787年には別の会社であるイヴェット水道会社（L'Entreprise de l'Yvette）が設立され、パリ市内の他の地域への給水を開始しようとした。

　しかし、両社とも1790年および1793年に経営破綻し、フランス革命後の政府にその資産および運営を委ねることとなった。破綻の理由としては、導入した蒸気機関の技術的問題および株式投機的取引による株価乱高下に起因して、財務的な健全性保持が困難となったことが挙げられる。また、当時はパリ市内のほとんどの家庭が水道水を使用しておらず、個別の井戸を利用したり、水売り（商業的な目的のために設置された数十箇所の水泉から家庭への水販売を職業とする者）が売る水を購入したりしていた。パリ水道会社は、この水売りへの用水供給による収入を主な財源としていたものの、パリ水道会社と水売り間の卸売価格はパリ市との契約で低く設定されていたため、事業は頓挫する結果となった。

　19世紀前半には、パリ市北東部のウルク川からの運河（ウルク運河、canal de l'Ourcq）導水による慢性的な水不足の解消に向けた取組みが進められ、約20年をかけて1825年にウルク運河が完成した。工事責任者であるピエール＝シモン・ジラール（Pierre-Simon Girard）は、船舶による内陸交通機関の役割も加味して建設を進めた。計画中にナポレオンが失脚したことや予算難により、工事継続が危ぶまれたが、完成したウルク運河からパリ市への給水が進められることになった。しかしながら、その後も水不足が解決したわけではない。1854年の時点でロンドン市では94％近くの建物が水道管網から給水を受けていたとされる一方で、パリ市のアパートでそうした状態にあったもの

は20％程度に過ぎない状態であった。

　また、19世紀半ばまでは、下水道の未整備による公衆衛生の劣悪さも課題であった。当時は、汚物・汚水の排除は「全てを通りへ（トゥ・タ・ラ・リュ、tout à la rue）」と形容される状態であり、路上投棄が常態化していた。パリ市下水道博物館に、中世からフランス革命に至るまでの時期のパリ市の汚水排除（トゥ・タ・ラ・リュ）の状況を示す展示パネルがある（写真2-3、2-4）。展示物からは、古くは路上に垂れ流し、時代を経て、路面の中央部に溝が掘られ、そこに汚水が集中する構造が設けられていたことが分かる。

　そのため疫病発生時の被害は著しく、1832年に発生したコレラの流行では、パリ市だけで約1万9,000人の死者が発生し、人口の2.35％が失われた。また、この流行では、当時の首相であったカジミール＝ピエール・ペリエ（Casimir-Pierre Perier）も罹患して死去する事態と

▎写真2-3　中世の町並みと汚水　　　　　　　▎写真2-4　ルネサンス期からフラ
　　　　　排除状況　　　　　　　　　　　　　　　　　　　ンス革命期の町並みと
　　　　　　　　　　　　　　　　　　　　　　　　　　　汚水排除状況

出典：いずれもパリ市下水道博物館内の展示物

なった。

　1800年時点では写真2-4のような、道路中央の溝や道路脇の側溝型の下水道管の延長は25kmに過ぎなかったが、コレラ流行による衛生意識の高まりにより整備が進み、1850年には120kmにまで整備が進んだ。また、1852年には、新築建造物に対し下水道へ汚水を排除することを強制し、既存建造物についても10年の猶予のうちに排除を義務付ける法令が整備されたが、限られた延長の中で、その効果は限定的であった。

3.　パリ市改造と上下水道の発展

　パリ市の上下水道は、皇帝ナポレオン3世の時代の1853年にセーヌ（Seine）県知事に就任したジョルジュ＝ウジェーヌ・オスマン（Georges-Eugène Haussmann）の都市改造事業により大きく進展した。オスマンは、パリ市の都市改造において、道路と上下水道の整備を一体として捉え、道路を拡幅・再整備すると同時に堅固な下水道管網を構築し、さらには下水道管網の内部に上水道管を敷設する方針を採用した。

　オスマンは、かつてブルゴーニュ＝フランシュ＝コンテ（Bourgogne-Franche-Comté）州にあるヨンヌ（Yonne）県の知事であったときに、当地のエンジニアであったウジェーヌ・ベルグラン（Eugène Belgrand）を知り、その能力を高く評価した。オスマンは、パリ市とルーアン（Rouen）市の間を所管するセーヌ川管理事務所の主任エンジニアにベルグランを任命し、その後ベルグランは市の上下水道部門の長にも任命された。

　パリ市の都市改造が上下水道にもたらした影響は、大きく表2-1のとおり整理できる。

　上水道の分野では、都市の改造に合わせて水源地とパリ市を結ぶ用

水施設が整備された。当時、ウルク運河とセーヌ川の水質は、船舶から投棄されるゴミや汚泥・し尿などで汚染が進んでいたこともあり、オスマンは、河川水ではなく、水源地における湧水と地下水の取水によってパリ市の水需要を賄うという計画に至った。政治家やエンジニアの一部からの反対はあったものの、オスマンはベルグランに命じて、水源と水質の調査をさせた上で、整備計画立案を進めた。

■写真2-5　パリ市下水道博物館のベルグラン胸像

出典：著者撮影

　オスマンとベルグランによる上水道整備では、2つの管網を整備した。河川水を水源とし噴水、公園緑地、道路清掃や下水道の流下に用いる中水道管網と、水源地の湧水・地下水により、パリ市の人々の飲用に供する上水道管網である。

　ベルグランの調査は、数次に渡る計画として発表され、セーヌ川の河川水の利用者からの批判や、水源地となったシャンパーニュ地方の関係者による水源枯渇の懸念に関する批判を呼ぶなど紆余曲折を経た。最終的にベルグランの計画は、様々な水源地からパリ市まで4つ

■表2-1　都市改造が上下水道にもたらした影響

種類	主な影響
上水道 中水道	●上水道について、河川水水源から、湧水や地下水に水源を切り替え、水源地からパリまでの4つの用水を整備 ●上水道と中水道の管路を下水道の構内に設置
下水道	●通りごとに下水道が整備され、汚水・雨水を排除 ●都市改造によって整備された主要道路下に、大口径幹線を整備

出典：著者作成

の用水系統で水を導くものとなっ
た。そのなかには、150kmもの距
離の導水が必要となるケースも
あった。

　4つの用水とは、デュイス
(Dhuis) 用水、ヴァンヌ (Vanne)
用水、アヴル (Avre) 用水、そ
して、ロワン (Loing) 用水で
ある。ロワン用水は、ヴルジー
(Voulzie) 用水がさらに延長する
形で後年整備されている。

　最も古く整備されたのが、パリ
市の東方に位置する水源からの導
水を担ったデュイス用水であり、

**写真2-6　アルクイユ・カシャンの
　　　　　水道橋**

出典：ヴァル＝ド＝マルヌ県観光案内所HP

1863〜1865年にかけて整備がなされた。この用水はほとんどが暗きょ
であり2万2,000t/日の導水能力があった。現在はパリ市への用水機
能を失ったものの、パリ市の東部に位置するディズニーランドへの水
供給に活用されている。

　ヴァンヌ用水は、パリ市の南東のブルゴーニュ地方の水源に向かっ
て1866〜1874年に整備されており、その能力は、最大で14万5,000t/
日であった。延長は156kmに及び、水道橋部分は17.3kmである。東
京の玉川用水の延長が羽村取水堰から四谷に至る約43kmとされてい
るので、その4倍弱の規模である。この用水のパリ市側の末端近くに
は、観光スポットとしても知られるアルクイユ・カシャン (Arcueil-
Cachan) の水道橋が存在する。この水道橋は、高さ地上38m、77のアー
ケードにより支えられているというスケールの大きさのみならず、17
世紀の導水施設の上に重ねるように整備されたものであるという点で

も特徴的な構築物となっている。ヴァンヌ用水により運ばれた水は、パリ市左岸14区のモンスリ（Montsouris）に1873年に整備された配水池を経由して、市内南部に配水されている（現在では、モンスリの手前に浄水施設が整備されている）。

　ベルグランが死去する1878年までの間に、先述の二つの用水を中心とする施設整備が進んだことで、パリ市の水道供給能力は向上し、管網整備も進んだ。上水道管網の延長は1862〜1869年の間で850km整備された。アヴル用水とロワン用水は、ベルグランの死後に整備されたものであり、それぞれ完成時期は1890年と1900年となっている。

　水道管は、上記の上水道管路とウルク運河などの水を用いる中水道管路がそれぞれ整備されたが、それは、下水道管内に設置されることとなった。

　オスマンとベルグランは、都市改造における上下水道整備において、それまで構築されていた下水管網を一個の体系につくり替える必要があったことから、幹線下水道（collecteur）の敷設に当たった。これは中小下水道からの下水を受け取り、セーヌ川に排出する機能を担っていた。

　ベルグランの時代には、アニエール幹線下水道、ビエーヴル幹線下水道、そして、北部幹線下水道と呼ばれる3本の幹線下水道が建造されている。図2-2からは、日本にお

図2-1　下水道構内における上水道管と中水道管の配置

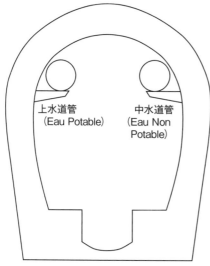

上水道管
（Eau Potable）

中水道管
（Eau Non Potable）

出典：パリ市下水道博物館内の展示写真をもとに作成

いて国が下水道の整備を進め始めた1880年の時点で、既にパリ市では
幹線と枝線による一定の下水道管網が形成されていたことが分かる。
なお、図2-2中のLa Vilette、La PoudretteやBondyは、汚物の投棄の
ために使用された箇所である。オスマンが知事に就任してすぐの1855
年当時の下水道管の総延長は160kmであったが、ベルグランが死去し
た1878年頃には、約600kmに達したとされる。

　しかし、幹線下水道により集積されたパリ市内の下水は、セーヌ川
に排出されたため、水質汚染を招く結果となった。オスマンの失脚
後、第三共和政に入ると、1880年のパリ市では大悪臭と疫病が大流行
したが、公衆衛生的施策として汚水の遠隔地への排除とかんがいが実
行されたことによりセーヌ川の浄化が一定程度達成されることとなっ
た。そうしたことも契機となり、国会は1894年7月10日に、「パリ市
およびセーヌ川の衛生に関する法[1]」を制定した。今でも効力を有す

┃図2-2　1880年時点におけるパリ市の下水道網

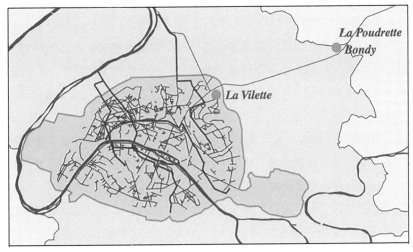

出典：Tabuchi（2008）

1　Loi du 10 juillet 1894 relative à l'assainissement de Paris et de la Seine

る同法第2条は、「公共下水道の敷設された道路に所在する建物の所有者は、その建物から排出される固体または液体の汚物を、直接、地下へ排出することにより、公共下水道へ排除しなければならない。古い住宅は、移行のために3年の猶予が与えられる」と定めた。これにより「全てを下水へ（トゥ・タ・レグ、tout à l'égout）」方式がついに制度的にも担保されることとなった。

4. 水法の歴史と水管理庁の誕生

　ここではフランスにおける水利用や水環境に関する制度の変遷を確認する。フランスにおける水利権関連の最初の現代的な法律はナポレオン法典であり、現在でもその一部は適用されている。1804年に成立した同法典には河川、湧水、水域などの所有権と使用法が定められている。なお、水環境保全に関する記載は当時の法典にはなかったとされる。

　水資源の管理について最初に規則が作られたのは、1898年に制定された「水管理に関する1898年4月8日法[2]」である。今では効力を失っているが、この法律は、産業革命に伴って開発・利用することができるようになった水の様々な用途を整理し、国の管理下に置かれる船舶航行可能な河川と、それ以外の河川に分けて、管理方法を規定した。船舶航行不能な河川について定めた同法16条では「コミューンの長は、（県知事に相当する）地方長官の権限の下で、河川の取り締まりに必要な全ての措置を講じることができる」といった、現在の水上警察にもつながる考えが整理されている。

　同法においても、水環境保全を直接的に目的とする記載は依然としてないが、産業活動を原因として人々に与える影響は考慮されている。また、同法は、全ての農民が資源にアクセスできることも保証し

2　Loi du 8 avril 1898 sur le régime des eaux

ている。なお、1935年には地下水に関する法令も作られている。

　1964年12月16日には「水供給及び供給体制並びに水環境汚染に関する法律[3]」が制定された。この法律によりフランスの行政史上初めて河川流域が規定され、現在のフランスにおける公的な水の管理に関する法の基盤となった。同法は、汚染者負担の原則を導入することによる水管理の新たなアプローチを採用するとともに、環境問題への対応を法制化している。同法の冒頭には、「汚染に対する戦い」と、飲料水供給および公衆衛生、農業・産業・輸送、その他一般的利益を目的とした人間活動、周辺環境の生態系に関する要件を満たし調和させることを目的としている旨が記載されており、同法の主目的である水需要を調整するための水管理の原則を定めるにとどまらず、水環境を害することがないことにも配慮して制定されている。

　また、同法により、水管理庁、流域委員会および国家水委員会が創設されている。水管理庁は、水資源の使用に対する目的税的賦課金（ルドヴァンス）の徴収と、流域に関連する大規模な水質汚染の除去に関する事業に資金を提供するための支援を割り当てる国の独立行政法人に当たる公的機関であり、上下水道事業の財政調整の役割を担っている。

　また、1992年1月3日の水法[4]では、その第1条において、「水は国の共通遺産の一部を構成する。水の保護、開発、および使用可能な資源の開発は、公共の利益に関することである。法律、規制および既に確立された権利の下で、水の使用は全ての者に属する」という原則が定められた。統合的な水の開発と管理のために、流域単位での水資源管理基本計画であるSDAGE（Schéma directeur d'aménagement et de gestion des eaux）と、細かい河川流域単位で適用される水資

3　Loi nº 64-1245 du 16 décembre 1964 relative au régime et à la répartition des eaux et à la lutte contre leur pollution
4　Loi nº 92-3 du 3 janvier 1992 sur l'eau

源管理計画であるSAGE（Schéma d'aménagement et de gestion des eaux）が制定されている。さらに2000年10月23日に制定された欧州連合（EU）の水政策枠組み指令（Water Framework Directive、WFD）は、主要な欧州州域において、2015年までに良好な水質環境を確立すること、そして汚染者に対し水管理計画の原則を適用することを要請した。

　2006年12月30日に制定された水と水生環境に関する法律[5]は、2000年のEU指令の国内展開を目的に立法され、1964年、1992年の水法と並ぶ重要な水関係の法改正といわれている。

　同法では、1992年水法の原則をさらに拡充し、「全ての自然者は、その滋養と衛生のために、全ての者が経済的に許容可能な条件において飲料水を得る権利を有する。環境および資源自体に関わる費用を含め、水の使用に関連する費用は、社会的、環境的および経済的な影響、ならびに地理的および気候条件が考慮されつつ、使用者により負担される」と、水道事業やそのコストといった点への言及を加えている。同法では、汚染削減のための様々な方策を講じていることに加えて、水道事業や下水道事業の透明性や情報公開といった点についても改革がなされた。また、料金についても制度が改正され、水道料金について逓増制や逓減制の料金体系をとることも可能となった。

　さらに2016年8月8日に制定された生物多様性、自然、景観の再生に関する法律[6]は、自然の湿地の回復を支援する機関に関する政策を強化している。

5　Loi n° 2006-1772 du 30 décembre 2006 sur l'eau et les milieux aquatiques
6　Loi n° 2016-1087 du 8 août 2016 pour la reconquête de la biodiversité, de la nature et des paysages

第2章 **フランスの上下水道事業の概要**

1. 基礎的情報や普及状況等

　フランスの人口等の基本的な情報を整理する。まず、水道事業および下水道事業との関係で最も特徴的と考えられるのは、フランスの人口は日本の約半分にもかかわらず、日本の市町村に該当する基礎的自治体であるコミューンの数が３万超あることだ。後述のとおり、近年の広域化を志向した制度改正はあるが、原則として上下水道事業は基礎自治体であるコミューンの権限・責任の下に整備・運営されてきた歴史があり、財政制度、官民連携、広域化等の制度的な枠組みはコミューンをベースとして構築されているという側面がある。これは日本にも共通する要素である。

▌表2-2　フランスの基礎データ

国土面積	54万4,000 ㎢
人口	約6,718万人 (2018年1月1日)
1人当たりGDP	42,698 US$ (2017年)
年間降雨量(パリ市)	637mm (1981〜2010年平均)
年間降雨量(リヨン市)	832mm (1981〜2010年平均)
年間降雨量(ボルドー市)	944mm (1981〜2010年平均)
州(レジオン)の数	18 (2017年)
県(デパルトマン)の数	101 (2017年)
コミューンの数	35,416 (2017年)

出典：外務省HP フランス共和国基礎データ、OECD Data、Meteo France、INSEEを基に作成

　また、フランスの年間の降雨量は主要都市において1,000mmに満たない数値が平均となっている。なお、日本は世界的に見ても降雨量が多い国であり、1981〜2010年における年間降雨量は、平均で1,528.8mm（東京）である。さらに、後述するが、水道事業における一人当たりの使用水量も日本と比べてフランスは

┃図2-3　フランスのレジオン（州）と主要都市等

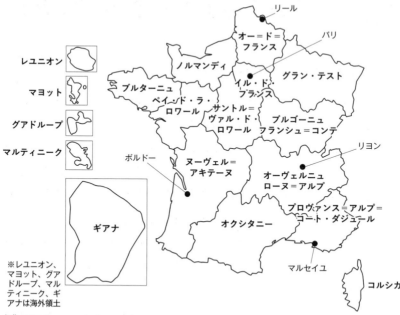

リール

オー＝ド＝
フランス

パリ

レユニオン

マヨット

グアドループ

マルティニーク

ノルマンディ

ブルターニュ

ペイ＝ド・ラ・
ロワール

ボルドー

ギアナ

イル・ド・
フランス

グラン・テスト

サントル＝
ヴァル・ド・
ロワール

ブルゴーニュ
フランシュ＝コンテ

ヌーヴェル＝
アキテーヌ

オーヴェルニュ
ローヌ＝アルプ

リヨン

プロヴァンス＝アルプ＝
コート・ダジュール

オクシタニー

マルセイユ

コルシカ

※レユニオン、マヨット、グアドループ、マルティニーク、ギアナは海外領土

出典：http://www.cartesfrance.fr/

少ない。そのため、下水道事業については、排除・処理する水量の基本的な前提が日本と異なっている。

　フランスの地方公共団体は、3階層の仕組みとなっており、コルシカ島と海外領土を含めて、18の州（レジオン、Région）、100の県（デパルトマン、Département）、そして3万5,000もの基礎自治体であるコミューン（Commune）が存在している。州と主要都市の位置関係を示すと図2-3のとおりである。

　フランスにおける水事業の区分は、地方行財政について定める地方団体総合法典（Code général des collectivités territoriales、以下、「CGCT」という）において、次のとおり、大きく2つに分類されている。

▌図2-4　下水道の仕組み

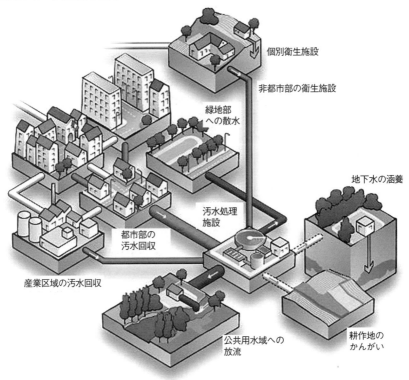

個別衛生施設

非都市部の衛生施設

緑地部
への散水

地下水の涵養

汚水処理
施設

都市部の
汚水回収

産業区域の汚水回収

公共用水域への
放流

耕作地の
かんがい

出典：ONEMA（2016）

- 水道（飲料水）サービス（オー・ポータブル、Eau Potable）：取水、浄水処理および供給
- 衛生サービス（アセニスモン、Assainissement）：下水収集、汚水処理および放流

このうち衛生サービス（Assainissement）はさらに2つに分類される。

- 下水道（Assainissement Collectif）

　　直訳すると集合型衛生サービス。主に都市部などで、公共の下水管きょ等を通じて生活排水や産業廃水を収集し、下水処理施設

┃図2-5　浄化槽の仕組み

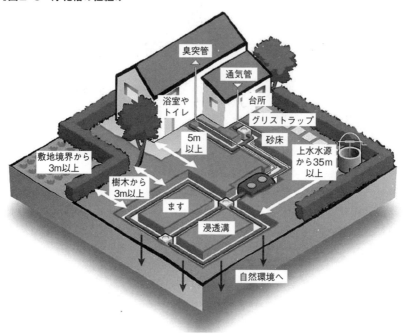

出典：ONEMA（2016）

で処理する方式。

- 浄化槽（Assainissement Non Collectif）

　　直訳すると非集合型衛生サービス。主に農村部など公共の下水
管きょに接続されていない住居・施設において、個別に汚水処理
を行う方式（日本の浄化槽に当たると考えられる）である。公的
に管理される浄化槽による汚水処理サービス（Services Publics
d'Assainissement Non Collectif、以下、「SPANC」という）が存
在している。

　先述のとおり、フランスは日本の半分程度の人口であるが、水道・
下水道事業数は水道で1万2,143団体、下水道で1万5,154団体と日本

表2-3　フランス国内での上下水道規模の比較

	水道	下水道
国内人口[1]	6,619万人（2015年）	
水道・下水道事業数[2]	12,143事業（2015年）	15,154事業（2015年）
給水人口/処理区域内人口[2]	6,680万人（2015年）	5,450万人（2015年）
管路延長[3]	92万km（2013年）	39万km（2008年）
浄水場・下水処理場数[3]	16,383カ所（2012年）	20,271カ所（2013年）

出典：1）フランス国立統計経済研究所の2015年法定人口（Populations légales）
　　　2）ONEMA（2018）
　　　3）Global Water Intelligence, Global Water Market 2017

よりもはるかに多い。日本の市町村数が1,724、人口が約1億2,744万人（2019年10月時点）であり、1市町村当たりの平均人口が約7.4万人であるのに対し、フランスの水道では事業当たりの平均人口が約5,500人、下水道では約4,400人に過ぎない。厳密には日本も事業数で比較する必要があるものの、このような数値からも、フランスにおける上下水道事業の規模の小ささが分かる。

　また、フランスの人口普及率については、水道が99.0％、下水道が89.9％となっている。日本の水道普及率は98.0％（平成29年度末）、下水道処理人口普及率については79.3％（平成30年度末）である。なお、フランスの下水道では市町村設置型浄化槽が含められていることを考慮し、日本における汚水処理人口普及率（こちらも厳密には市町村設置型に限定する必要があるが）である91.4％（平成30年度末）と比較すると、日本とフランスは比較的類似した整備状況であると考えて良いだろう。

　管路延長については、水道が約92万km、下水道が約39万kmとなっている。日本においては水道が約67万km、下水道が約47万kmとなっており、フランスの水道は低人口密度地域にまで管路を敷設していると考えられ、下水道については非集合型下水道が多く導入されている

▎表2-4　上下水道サービス提供事業数と種類（2015年）

事業主体の種類	水道事業数	下水道事業数
合計	12,143	15,154
コミューン	9,042	13,485
EPCI（広域連合体または事務組合）	3,092	1,663
EPCI-FP（税財源のあるEPCI（広域連合体））	277	502
コミューン共同体	161	338
都市圏共同体	97	138
大都市共同体	11	13
メトロポール	8	8
税財源の無いEPCI（事務組合）	2,815	1,161
多目的事務組合	368	339
単一目的事務組合	2,202	686
混成事務組合	242	134
県による事務組合	3	2
その他	9	11

出典：ONEMA（2018）

と考えられる。

　上下水道事業の事業主体について、基礎的自治体であるコミューン単位で事業主体となっている場合と広域連合体や事務組合といったコミューン間協力公施設法人（Établissement public de coopération intercommunale、以下、「EPCI」という）で実施されている場合、それぞれの事業体数を確認すると表2-4のとおりである。2015年の数値によると、水道事業1万2,143事業のうち、9,042事業はコミューンが運営している。また、下水道事業1万5,154事業のうち、1万3,485事業はコミューン単位で運営されている。広域連合体と呼ぶことができる「税財源のあるEPCI（EPCI à fiscalité propre、以下、「EPCI-FP」という）」による水道事業は277事業、下水道事業は502事業が存在する。日本の事務組合に相当する「税財源の無いEPCI」による水道事業が2,815事業、下水道事業では1,161事業が存在している。このよう

┃表2-5　事業運営形態の整理

運営主体	運営方式	解説
コミューンまたは EPCIによる運営	コミューンまたは EPCI自身による運営	コミューンまたはEPCIの、一部局として運営する方式。コミューンまたはEPCIの一般会計の一部として行われる方式（レジー・ディレクト（Régie Directe）またはレジー・サンプル（Régie Simple）と呼ばれる）と、組織はコミューンまたはEPCI内にあるが会計的に一般会計と区分して行われる方式（レジー・ア・オトノミー・フィナンシエ（Régie a Autonomie Financier））がある。レジー・ディレクトまたはレジー・サンプルは、1928年以前から継続している事例または人口500人未満の場合のみに行われる例外的な方式とされている（コミューンまたはEPCIから民間企業への委託をするケースもある）。
	商工業的公施設法人 （EPIC）による運営	コミューンまたはEPCIが、日本の地方独立行政法人に相当する商工業的公施設法人（EPIC）を設立して事業を運営させる方式（EPICから民間企業への委託をするケースもある）。
事業者による運営	DSP（地方公共会社 （SPL）との契約）	コミューンまたはEPCIが、地方公共会社（当該コミューンまたはEPCIが100%出資する法人）とDSP契約を締結して事業を運営させる方式。
	DSP（SEMOP等の官民共同出資会社との契約）	コミューンまたはEPCIが、コミューンまたはEPCIと民間企業により混合出資する会社であるSEMOP等と契約を締結して事業を運営させる方式。
	DSP（民間企業との契約）	コミューンまたはEPCIが、公的な資本が入っていない民間企業と契約を締結して事業を運営させる方式。

出典：仏全国委託元当局連合会（FNCCR）資料等より作成

に複数のコミューンの協力からなる事業主体の形成が広くみられる。

　人口ベースでみると、水道事業では、事務組合（税財源の無いEPCI）によるものが約3,000万人に給水しているのに対して、広域連合体（税財源のあるEPCI）が約2,000万人となり、広域連合体が事業主体となるケースも一般的であることが分かる。下水道事業については、ONEMAの報告書に実数が掲示されていないものの、広域連合体が事業主体である人口が全体の46%を占めており、事務組合の24%を

上回る状況となっている。

　フランスで採用可能な上下水道事業の運営形態を整理すると表2-5のようになる。日本の市町村経営同様のコミューンによる運営[7]のほかに、コミューン間協力公施設法人であるEPCIによる運営や日本の地方独立行政法人に類似する商工業的公施設法人（Établissement public à caractère industriel et commercial、以下「EPIC」という）、コミューンまたはEPCIと、事業者（コミューンまたはEPCIが出資する会社、官民出資会社、民出資会社等様々）の間で「公共サービスの委任」（デレガシオン・ド・セルビス・ピュブリック、délégation de service public、以下、「DSP」という）[8]に関する契約を締結し、事業者が事業を運営するという手法もある。そして、手法の選択は、コミューンまたはEPCIの自由な選択に委ねられている。とりわけ、手法の中には例えば100％公的な出資により設立される地方公共会社（SPL）による運営の場合のように、コンセッションやアフェルマージュ契約を出資者であるコミューンまたはEPCIと締結する、という形態も存在する。公的に所有される主体だが、会社形態を採用しており、契約に基づき運営を担う、という点が特徴的である。

2. 水質等の規制のルール

　水道事業における飲料水質規制については、連帯・保健省（Ministère des Solidarités et de la Santé）が所管しており、国の行政的公施設法人で、国内17カ所にある地域保健庁（Agence régionale de santé）が地域レベルでの水質を管理している。水道水質については、EUの飲料水質規制（European Directive 98/83/EC）に基

7　ただし、フランスでは、水道事業はSPIC（商工業的公共サービス）とみなされていることから、事業運営に従事する職員（幹部職員等一部の例外は除く）はコミューンまたはEPCIに勤務していたとしても、雇用契約は私法上の労働契約となるとされている。
8　公共サービスの運営の権利を、契約により事業者に一定期間与える方式を指す。第6部で詳述する。

表2-6　EU指令に定める3つの区域

区域名	説明	0-2000人規模	2000-1万人規模	1万人-1.5万人規模	1.5万人-15万人規模	15万人超規模
重要水域 (Sensitive areas)	湖や流速の遅い水域	Appropriate	Secondary	Tertiary	Tertiary	Tertiary
標準水域 (Normal areas)	通常の水域	Appropriate	Secondary	Secondary	Secondary	Secondary
非重要水域 (Less Sensitive areas)	沿岸部	Appropriate	Appropriate	Primary/ secondary	Primary/ secondary	Primary/ secondary

出典：Global Water Market 2011

表2-7　3次処理および2次処理における汚水負荷に対する削減目標

水質項目	濃度	流入負荷に対して最低限必要な削減率
20度硝化無しのBOD5 (BOD5 at 20℃ without nitrification)	25mg/L	（3次処理）70-90% （2次処理）40%
COD	125mg/L	75%
浮遊物質	35mg/L （2次処理かつ、人口ベース2000-10000人の場合は60mg/L)	90% （2次処理かつ、人口ベース2000-10000人の場合は70%)

出典：Council Directive 91/271/EEC of 21 May 1991 concerning urban waste-water treatment (amended 1998/15/EC)

づく公共健康規則（Décret n° 2003-462 du 21 mai 2003 relatif aux dispositions réglementaires des parties I, II et III du code de la santé publique）に規定されている。

　現在のフランスにおける飲料水質達成状況は、連帯・保健省と地域保健庁によると、微生物学的基準に年に1回以上達成しなかった事業体の割合は2000年に8.8%であったものの2012年には3.3%に改善していると強調されている。また、民間上下水道事業会社の団体であるFP2Eとコンサルティング会社のBIPEによると、農薬の基準を達成できなかった割合は2003年の43%から2012年には16%と大きく改善して

▌表2-8　下水道（BOD1.2kg/日以上を超える浄化槽含む）における技術的基準

項　　　　目	条番号
目的と範囲	第1条
定義	第2条
基本原則	第3条
衛生施設の設計および設置に係るルール	第4〜10条
収集・処理の運転維持管理に係るルール	第11〜16条
汚水処理システムのモニタリング	第17〜20条
汚水処理の適合性評価	第21〜25条

出典：Arrêté du 21 juillet 2015 relatif aux systèmes d'assainissement collectif et aux installations d'assainissement non collectif, à l'exception des installations d'assainissement non collectif recevant une charge brute de pollution organique inférieure ou égale à 1, 2 kg/j de DBO5

いる。

　一方、下水道事業における水質規制については、環境連帯移行省が所管しており、EUの都市排水指令（Council Directive of 21 May 1991 (91/271/EEC)）に準じて、標準（normal）、重要（sensitive）、非重要（less sensitive）の3つの区域に分けられ、必要な処理レベルとそれを達成する期限が規定されている。

　表2-6の水準の中でも厳しい、3次処理（Tertiary）および2次処理（Secondary）については、下水処理によって指定水質項目の濃度を一定水準以下にするか、流入時より一定割合での削減が求められる。なお、1次処理水では、流入負荷に対してBOD5を最低20％削減し、かつ浮遊物質を最低50％削減する処理水準とされている。また、適切な処理（Appropriate treatment）をすることとされているカテゴリーについては、関連する水質目標や、その他指令の目標に合致する処理および／または排除の方法が求められている。

　さらに国内法においては、CGCTの政令であるR2224-6条およびR2224-10〜17条、表2-8に示す集合型・分散型汚水処理施設の技術的基準が詳細に規定されている。日本の水道事業でも、「水道施設の技

術的基準を定める省令」において、施設設置に当たっての基本的な技術基準が定められているので、これをイメージすると良いであろう。また、このような施設設置だけでなく、例えば、技術的基準の第16条においては、「オペレーターは、施設の予見可能なメンテナンスと修理の期間および水質に影響を与える可能性を、少なくとも1カ月前に水質監視機関等に通知するものとする」という規定が設けられており、オペレーションにおける要件まで規定されている点については参考となる部分もあるのではないかと考える。

第3章　フランスの上下水道に関する制度

1．上下水道事業に関する根拠規定の概要

　日本の上下水道事業は、各公物管理法（水道事業は水道法、下水道事業は下水道法）において市町村が事業主体となることが定められている。厳密には、水道法第6条第2項に、市町村による水道事業経営を原則とする規定が存在するが、同項では市町村以外の者（民間事業者を含む）による水道事業も許容されている。下水道法では、第3条で公共下水道の管理は市町村が行うものとされており、民営下水道は認められていない。

　他方、フランスでは、地方行財政について定めるCGCTにおいて、水道事業および下水道事業を含む衛生関係事業はいずれも、日本の市町村に相当する基礎自治体であるコミューンが責任を有する事業として定義されている。

　例えば、水道事業についてはCGCT L2224-7-1条において、末端給水事業について、コミューンが事業主体であるとされ、管路によって飲料水を供給する区域における飲料水供給計画の策定、それに基づく飲料水の送配水が規定されている。つまり、日本のような民営水道事業の仕組みは存在していないこととなる。ただし、用水供給については、コミューン以外の民間企業なども事業主体になり得る。また、下水道事業を含む衛生関係事業については、CGCT L2224-8条において、コミューンが汚水処理、管きょによる汚水の排除、管きょ網の接続ができない建物は浄化槽（アセニスモン・ノンコレクティフ、assainissement non-collectif）の事業主体であることが明記されている。

　コミューンは、CGCT L5210-1条以降に定められているように、周

辺の複数のコミューンによって組織されるEPCIを組成し、加盟しているEPCIに様々な事業の権限を移譲する形で広域的な行政運営を行っている。フランスでは、コミューンの規模は極めて小規模であることから、2015年時点で水道事業においては事業主体の75％が、下水道事業においては事業主体の44％がEPCIの形態を取っている。コミューン自体は存続しながら、周辺コミューンとの「協力」に基づく広域的な事業主体を組成して事業を実施してきたのである。

　EPCIは、CGCT L5212-1に定める日本の事務組合と類似する方式のほか、構成コミューンが、課税権も含める形で様々な事業の権限を移譲し「広域連合体[9]」を形成するという方式も存在している。先述のとおり、当該方式をフランス語では「EPCI-FP」と呼び、上下水道事業の権限も移譲の対象となっている。近年のフランスでは、上下水道事業の広域化が法律上の義務付けも含めて推進されているが、広域化の受け皿としては広域連合体が念頭に置かれており、広域連合体への権限の移譲の義務付けを強化する制度改正が行われている。こうした点を含めて第5部において上下水道事業の広域化を詳述する。

　また、フランスの上下水道事業では、コミューンまたはEPCIが事業主体かつ施設の所有者であり続けながら、事業運営においては、コミューンまたはEPCI自身による運営以外にも、民間委託や包括委託を活用したり、パリ市の水道事業などのように、EPICが事業運営することもある。こうした運営方式では、あくまでも運営の主体はコミューンまたはEPCIとなる（図2-6における「A」）。日本では、地方公共団体による運営と民間委託や包括委託は対比的に扱われることが多いが、フランスでは、こうした委託をしている場合やEPICを活

9　主に人口規模に応じて、Métropole（メトロポール、CGCT L5217-1から19）、Communauté urbaine（コミュノテ・ユルベーヌ）CGCT L5215-1から42）、Communauté d'agglomération（コミュノテ・ダグロメラシオン、CGCT L5216-1から10）、Communauté de communes（コミュノテ・ド・コミューン、L5214-1から28）の4類型が存在している。

▌図2-6　事業主体と運営方式の基本構造

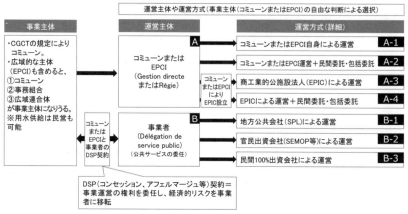

出典：著者作成

用している場合もAに分類され、広い意味での地方公共団体による運営の一種として取り扱われ、直接管理（ジェスチョン・ディレクト、Gestion directe）またはレジー（Régie）である、と表現される。

　一方で、それと対比的に捉えられるのが、同図において「B」に相当する、事業者[10]に一定期間の運営の権利を与え、リスクを移転して運営させるDSPである。コミューンまたはEPCIは、公共調達法典（Code de la commande publique、以下、「CCP」という）およびCGCTに基づきDSPを採用することが可能となっている。DSPに分類される契約の名称として、日本でも耳にすることが増えた、コンセッションやアフェルマージュといったものがある。これらBに分類される方式を選択するのか、Aに分類される方式を選択するのかは、コミューンまたはEPCIの自由な意思により決定されることとなる。

　上下水道事業のDSPでは、これまでは公的な出資が行われていない民間事業者へ事業運営を委ねるケースが多かったが、近年では、

10　CCP L1220-1条において、事業者（opérateur économique）は「公共または民間の法人、自然人またはそれらの連合」と定義されている。

▌表2-9　上下水道事業の組織および財源に関係する法典および条項（一部抜粋）

関連法令名	条項	内　　容
地方団体総合法典 Code Général des Collectivités Territoriales （CGCT）	L2221-1	• 地方公共団体が、商工業的公共サービスの運営を自ら行うことができること
	L2224-1から L2224-6	• 地方公共団体が行う商工業的公共サービスにおける予算制度、収支相償原則や上下水道事業の業務成績の年次報告書（RPQS）等に関すること
	L2224-7	• 水道事業および下水道事業の定義に関すること
	L2224-7-1	• コミューンが末端給水事業を行うこと
	L2224-8	• コミューンが汚水の処理を行うこと • 下水道に接続できない建物についてはコミューンが浄化槽の設置に関する措置を講じること • 建物所有者との合意により、コミューンが浄化槽の維持管理・更新ができること　など
	L2224-9	• 自家用の取水、地下水揚水、雨水の飲用利用および雨水の中水利用等の届け出に関すること
	L2224-10	• 下水道による汚水回収、貯留、処理、放流、再利用を行う区域の設定に関すること • 浄化槽による処理に関する措置を地方公共団体が講じる区域に関すること（コミューンが必要と判断するときは汚泥処理の実施に関することを含み、建物所有者の要請があるときには浄化槽の維持管理、更新の実施に関することを含む） • 土地の雨水非浸透水準、雨水の流出に関する限度を設定しなければならない区域に関すること • 雨水の流出が水環境に与える影響が著しく、雨水の回収、貯留や処理に関する施設を設置する必要がある区域に関すること
	L2224-11	• 水道事業および下水道事業が商工業的公共サービスであること
	L2224-11-3	• DSP契約において上下水道施設の更新投資を含む場合には、更新計画を契約に添付しなければならず、DSP受託事業者は年次報告書（RAD）において執行状況を示すこと
	L2224-11-4	• 上下水道施設のDSP契約の終了時に、発注者の資産の状況をDSP受託事業者が調査等すること、L2224-11-3に規定された更新工事が未執行だった場合の返金義務、顧客情報や管路網図等を発注者に情報提供すること
	L2224-12から L2224-12-4	• 水道事業および下水道事業における料金設定等について
	L2226-1	• 都市部における雨水の収集、輸送、貯留、処理等の管理は、公共都市雨水管理サービスとして、行政管理的公共サービスとなること

関連法令名	条項	内　　容
	L1410-1および L1410-3	• 地方公共団体やEPCIがコンセッション全般（公共サービスに限らない。工事コンセッションも含む）を実施できること　など
	L1411-1	• 地方公共団体やEPCIが、公共サービスの委任に関するコンセッションを実施できること
	L1411-3	• 地方公共団体やEPCIが自らが責任を有する公共サービスの運営において、CCP L1211-3条に定めるDSP（délégation de service public）を活用できること
	L1411-4	• CCSPLから意見聴取した上でDSP事業に関する方針決定を地方公共団体やEPCIの議会がすること
	L1411-5	• CCPに従った上で地方公共団体やEPCIは応募事業者と自由な交渉ができること
	L1411-18	• 州会計検査院によるDSP事業に関する検査権限について
	L1411-19	• 地方公共会社（SPL）やSEMOPへのDSP契約に際して、議会が方針を決定すること
	L1412-1から L1412-3	• 地方公共団体やEPCI自身による公共サービスの運営について
	L1413-1	• 議員、地元代表からなる地域公共サービス諮問委員会（CCSPL）の設置と役割（コンセッション受託者の年次報告書確認、議会への諮問等）
	L5210-1から L5217	• 広域連合体や事務組合に関すること
公共調達法典 Code de la commande publique （CCP）	L1121-1から L1121-3	• コンセッション契約の定義や公共サービスのコンセッション契約が可能であること
	L1220-1	• コンセッション契約の受託者（事業者）の定義（公共または民間の法人、自然人またはそれらの連合）
	L3114-4および L3114-5	• 参入権対価は契約上の規定が必要であること、上下水道および廃棄物分野での参入権対価の禁止規定
	L3114-6	• 契約上、利用者に課される料金について明示し、変動の係数や指標も示すこと
	L3114-7	• DSP契約の事業期間は有期でなくてはならないこと、地方公共団体が事業の内容や投資の内容等に応じて決定すること
	L3114-8	• 上下水道および廃棄物分野では、国の権限者（県レベルで配置される公共財政局長）の事前の承認がない限り事業期間20年を超えることはできないこと

関連法令名	条項	内　　容
	L3131-5	• DSP受託事業者は、年次報告書を作成しなければならないこと
公衆衛生法典 Code de la Santé Publique	L1331-1	• 接続義務として、下水道が供用開始となり接続が可能になってから2年以内に、建物の下水道への接続が必要なこと。また、コミューンの長は、政令で定める条件に従って、10年を超えない範囲での接続期限延長または免除が可能であること
環境法典 Code de l'Environnement	L210-1	• 水資源が貴重な資源でありその保護や開発等は公共の利益に関するものであることや、あらゆる人が水を飲食や衛生の目的のために、経済的に許容可能なレベルで利用できる権利を有すること、コストを利用者が負担する原則について
	L213-1など	• 国家水委員会および流域委員、水管理庁の構造および財政に関する条項
	L213-9および L213-10以降	• 水管理庁の財源に関することや、水管理庁が徴収する各種賦課金（ルドヴァンス）に関すること
労働法典 Code du travail	L1224-1	• 事業者の変更などが生じたときも雇用契約が継続すること

出典：著者作成

　新たに制度として導入された公共100％出資会社である地方公共会社（SPL）や官民共同出資会社（SEMOP）をDSP契約の相手方として、事業運営させる事例も出てきているなど、新たな手法が生み出され続けている。

　DSPの活用は、100年以上の歴史を有しており、2015年時点では、事業数ベースで水道事業の31％（給水人口ベースでは60％以上）、下水道事業の22％（処理人口ベースでは41％）でDSPによる事業運営が行われている。事業主体としての位置付けと施設所有権を地方公共団体が保持し続けながら、民間事業者が運営主体になるという点では、日本においても同様の仕組みとして、「民間資金等の活用による公共施設等の整備等の促進に関する法律」（以下、「PFI法」という）に基づく公共施設等運営事業（コンセッション方式）が水道事業および下水道事業においても導入されつつある。ただし、DSPの法的な考え方

や、制度設計の詳細やその活用実態については、日本の運営権制度と異なる面も多く見られる。その詳細については第6部にて記述する。

2. 日本とフランスの上下水道事業主体の法的位置付けの比較

ここで一度、日本とフランスの上下水道事業や公共サービスの提供の枠組みに関する規定について、比較考察をしてみたい。

基礎自治体が上下水道事業の事業主体であるという点で、日本とフランスの間に実態上の大きな相違はないが、厳密には制度的な違いが存在する。

日本の水道事業では、水道法第6条第2項において、市町村の同意を得た場合には市町村以外の者が水道事業を経営できる（いわゆる民営水道が可能）とされている。現に別荘地やリゾート開発地では開発時から民間企業が事業主体として水道水を供給している例が10件程度存在している。また福岡県、熊本県では㈱フレッシュ・ウォーター三池が経営する社水と呼ばれる三池炭鉱専用水道が平成30年度まで存在していた。

他方、フランスでは先述のとおり末端給水事業は、常にコミューンが事業主体であるので、いわゆる民営化を行うことはできない。ここで末端給水事業と記載しているのは、水道の浄水と卸売に当たる用水供給事業については、必ずしもコミューンが事業主体となる必要はなく、民間企業が事業主体となることが許容されているからである。なお、下水道事業は日本でもフランスでも民間企業が事業主体になることはないという点で共通した仕組みとなっている。

3. 日本とフランスの上下水道事業経営制度の比較

日本では、上下水道事業は所属する地方公共団体の通常の予算とは別に、「特別会計」という独立の会計を設けて経理を行っている。地

方財政法によって、公営企業（地方公共団体が住民の福祉の増進を目的として設置し経営する企業）は、特別会計を設置し、その経費は性質上、料金で負担することが適当ではない、または、負担が客観的に困難であると認められる経費を除き、公営企業の経営に伴う収入から負担する独立採算の原則が採用されている。また、「地方公営企業法」の適用を受ける上下水道事業は、損益計算書、貸借対照表およびキャッシュフロー計算書などの民間企業の財務諸表と同水準の決算報告が義務付けられている（企業会計設置）。

　このような制度が採用されている背景には、受益者負担の原則がある。地方公共団体が住民に提供する基礎的サービスは、広く住民から徴収した税金により賄うことが原則であるが、上下水道事業はそのサービスを受ける者（受益者）が特定されるため、これを税金で賄うと、受益者と非受益者との間で不公平が生じてしまう。このため、税金を財源とする地方公共団体の歳出・歳入から分離され、特別会計として処理されているのである。なお、水道事業、工業用水道事業、交通事業（軌道事業等）、ガス事業等においては、企業会計設置が義務付けられているが、下水道事業は任意適用事業である。

　また、地方公営企業法は会計面だけではなく、公営企業を一般行政部局から独立して事業運営できるように組織・職員に関する規定も有している。水道等の法定事業は、この組織規定と職員規定も義務的に適用される。適用される場合、組織に関することとしては、地方公営企業の業務を執行し、当該業務の執行に関し当該地方公共団体を代表する者として管理者を置く（地方公営企業法第7条）ことが可能となる。公営企業に勤務する職員は、管理者の事務実行を補助する「企業職員」という位置付けとなり、管理者に任命されることとなる。また、公営企業職員は、職務内容が民間の同種の事業に類似していることから、その勤務条件をできる限り民間事業者の勤労者に近づけるこ

ととされており、労働基準法が原則として適用され、争議権は否定されているものの、労働組合結成権、労働協約締結権を含む団体交渉権が認められる。

　他方、フランスにおいて水道事業および下水道事業（浄化槽も対象とする衛生事業）は、CGCT L2224-11条において、商工業的サービス（services à caractère industriel et commercial）であると定義されている。また、同L2224-1条では、商工業的なものに分類される公共サービス（Service public industriel et commercial、以下「SPIC」という）の収支相償の原則が義務付けられている。ただし、議会の議決がある場合には一般会計からの繰り出しが可能という規定も存在する。「商工業的な公共サービス」（SPIC）とは、上記の上下水道事業のように法律により定義されているケースもあれば、1956年11月16日のコンセイユ・デタ（Conseil d'État、行政裁判における最高裁判所）判例に基づく次の要件を満たすかどうかで判定されることもある。

- 当該サービスの目的が、民間事業者の商工業セクターにおけるサービスの目的と類似している。
- 当該サービスは、その収入の多くをサービス使用者の手数料や使用料によって獲得していること。そして、手数料や使用料はサービス提供の代価として支払われており、サービス「販売」価格は、提供コストに等しいか近接した水準である。
- 当該サービスの運営方法が、民間事業者の商工業セクターにおける運営方法と類似または比較可能なものである。

　職員に関する制度を確認すると、コミューンやEPCIにて、商工業的公共サービスの業務に従業する職員は、対の概念となる行政管理的公共サービス（Service public administratif、SPA）に携わる職員と異なり、コミューンやEPCIと私法上の労働契約を締結することが1957年のコンセイユ・デタの判例等から原則となっている。

このように日本とフランスにおける水道事業および下水道事業は、日本では原則「公営企業」として、また、フランスでは「商工業的公共サービス」として、所属するコミューンやEPCIの一般会計からは独立している。そして、サービス提供を受ける受益者に、公共サービスにかかる費用を原則として料金により支払ってもらいながら運営していくという点で共通している。また、従事する職員の身分の取り扱いも、行政的な事務に属する領域とは区別されている点で共通しているといえる。

4.　上下水道の監督体制、関係する公的機関

　ここでは、フランスの上下水道事業の監督体制および関係する公的機関について紹介する。なお、フランスでは各省庁が、時々の政権において大幅に部局再編されたり、名称変更されることがしばしばあるため、記載は本書執筆時点（令和元年12月時点）のものであることに留意されたい。

　まず、フランスの水資源に関する法令がEU指令を準拠するよう管理する機関として、「エコロジー省」と呼ばれることが多い環境連帯移行省（Ministère de la Transition écologique et solidaire）がある。この省庁も頻繁に所管業務の再編と名称変更を行っており、2017年に現在の名称となった。また、連帯・保健省（Ministère des solidarités et de la santé）が飲料水の水質に関する規制を管轄している。これらは日本における厚生労働省、国土交通省および環境省（浄化槽を管轄）等に当たる機関である。

　また、フランスには、上下水道事業の財政の要であり環境連帯移行省が所管する行政的公施設法人（Établissement public à caractère administratif)[11]である水管理庁（Agence de l'eau）という機関が流

11　日本の独立行政法人に相当する。

域単位で6カ所存在している。水管理庁が上下水道等の流域単位での財政支援の中心的機関となっている。日本では、厚生労働省や国土交通省による国庫補助制度に加えて、財務省や総務省が関係する地方財政制度や財政融資も上下水道事業への資金供給の大きな役割を担っており、国が中心となり財源供給の仕組みが構築されている。

　また、日本には見られない公的機関としてONEMA（Office national de l'eau et des milieux aquatiquest）を挙げる。水・水生環境局とも呼ばれる同機関を抜きに、フランスの上下水道事業を語ることはできない。ONEMAは、2006年12月30日の「水と水生環境に関する法律」とそれによって改められた環境法典の規定に基づき、2007年に現在の環境連帯移行省に当たる省庁に設置された機関であり、2016年以降は行政的公施設法人であるフランス生物多様性庁（Agence française pour la biodiversité）内の組織となっている。約900人の職

┃図2-7　上下水道事業関連機関

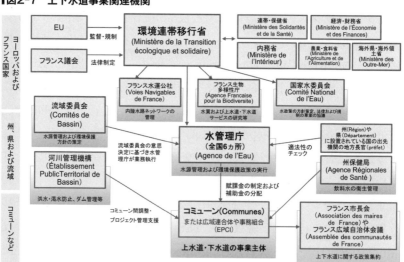

出典：BIPE資料等から著者作成

員が勤務し、フランスの水政策支援のための研究開発に加えて、とりわけ本書でもたびたび参照することとなるフランス全土の水道事業および衛生事業に関する情報データベースシステム（Système d'information des services publics d'eau et d'assainissement、以下、「SISPEA」という）の構築・管理などを実施している。

　フランス全土からSISPEAに収集された各年のデータは、インターネットでアクセス可能なウェブサイトにおいて公表されている。それによって、上下水道事業の利用者、政治家、一般市民等の様々なステークホルダーが、水生環境の保全や上下水道事業の効率性、施設の健全性といった点について、時系列または事業間比較での分析や評価を可能とし、事業の透明性確保にも資するものとなっている。人口減少を踏まえた適切な投資判断や事業運営が求められる日本の上下水道事業にとっても、得られる示唆があるのではないか。日本でも（公社）日本水道協会および（公社）日本下水道協会など多様な団体が、各事業に関する情報提供や統計の作成など様々な活動を行っているが、情報の公開や利便性の観点からSISPEAは参考になると考える。

コラム　フランスの官民連携における職員雇用と技術継承

　フランスにおいて、市役所が上下水道事業を実施する場合でも従業員は、一部の幹部職員を除き公務員ではなく、私法上の労働契約を市役所と締結することとなる。

　また、フランスでは、地方公共団体による運営からDSP型に変わった場合でも、労働者保護の観点から職員の雇用の後継民間事業者への承継が労働法典L1224-1条で規定されている。相続、売却、合併、資金の転換、会社設立など、雇用主の法的状況に変化

が生じた場合、変更当日に有効な全ての雇用契約は、新しい雇用主に継承されるとされている。

　つまり、DSPの事業開始前日まで地方公共団体に所属して上下水道事業を実施していた職員がDSPの事業開始日に民間事業者の職員として同じ業務を実施することができるということである。これは、上下水道事業の継続の観点からも、職員の雇用確保の観点からもメリットがあると考えられる。

　日本にはこのような制度はなく、現状の上下水道事業において、公務員が民間事業者（株式会社）に退職派遣される場合は、地方公共団体がその会社に出資する必要がある。PFI法に基づいて引き継ぎのために公務員が出資していない運営権者に派遣される場合は期間に期限がある。

　日本において、従来公営企業で培ってきた、いわば公務員が持っている「その市町村に応じた」技術を民間事業者に継承するのは時間がかかることであり、さらに官民連携事業終了後に民間事業者が変更になった場合、その市町村に応じた技術を保有する人材が流出してしまう可能性も十分ある。通常、入札で負けたライバルである他社へ技術を持った人材を移転させることはそう簡単に想定されることではない。

　日本において、官民連携を活用しながら、長期的に各市町村において技術人材を確保し続けるためには、現状とは異なる枠組みなどが必要となるかもしれない。

第4章　フランスの上下水道経営の状況

1. 上下水道経営の考え方

　フランスでは、CGCTL2224-1条において、商工業的な性格を有する公共サービスの予算は、収支相償させなければならない、と規定されており、また、同L2224-2条においては、コミューンの予算において、L2224-1条に規定する公共サービスへの支出を負担してはならないと規定している。しかしながら、同条但し書きにおいて、次に定める場合には、議会の議決を経た上で一般会計による負担が制度的に担保されるとしている。

- 公共サービスとしての要件に鑑み、コミューンが特定の運営上の制約を課すことを余儀なくされる場合。
- 投資の規模とサービス利用者の数から見て料金の値上げをしなければ資金を調達できない投資を実現することが、当該公共サービスの運営上必要である場合。
- 料金が統制される期間の終了後に、コミューンの予算による支出の負担がなければ料金の過度な値上げが不可避となる場合。

　また、同条では、人口3,000人未満のコミューン、構成メンバーであるコミューンがいずれも人口3,000人未満であるEPCIにおける水道事業および下水道事業については、繰り入れに関する議決の規定自体が適用除外になる。また、雨水処理については、CGCTにおいて汚水関係とは異なり、公共サービスであるとされており、その経費は一般会計から支出されている。

2．パリ市水道事業の例

　表2-10はパリ市の水道事業を管理するオー・ド・パリ（Eau de Paris)[12]の2016年の収支概要を示した表であるが、1億6,690万ユーロが水道料金収入であり、第3部で後述する水管理庁へ支払われる賦課金（ルドヴァンス、Redevances）が含まれており、その他の収入を含めて全体で3億4,917万ユーロとなっている。一方の支出については、賦課金を除き[13]、人件費が7,603万ユーロと支出全体（3億498万ユーロ）の約25％を占めている（賦課金を除くと44％）。2016年度の最終営業利益は4,419万ユーロとなっている。

　パリ市と人口が同等規模である札幌市と比較すると、札幌市の水道事業の2017年度の料金収入は約376.4億円となっており、パリ市の約1.8倍となっている。給水収入は、給水量と供給単価から構成されており、これらの比較結果については第3部にて詳述する。

　次に、費用構成を見てみよう。オー・ド・パリの賦課金を除く総

┃表2-10　2016年のオー・ド・パリの営業収支（単位：百万ユーロ）

支　　　出		収　　　入	
一般経費	63.37	水道料金収入	166.90
人件費	76.03	他の水販売サービス	19.72
賦課金（Redevance）	133.95	賦課金（Redevance）	134.32
様々な例外的な金融費用	4.56	その他の金融および例外的な製品	15.13
寄付	3.65	引当金	2.12
減価償却費	23.42	請負金額	10.98
総支出	304.98	総収入	349.17
2016年営業利益	44.19		

出典：オー・ド・パリ（2017）

12　パリ市が設立したEPIC
13　賦課金は、水管理庁へ納入され流域単位の補助制度の原資となるフランス特有のものであり、人件費や維持管理費のような事業に直接必要となる経費と性格を異にするため除いている。

表2-11　2016年のオー・ド・パリの投資関連収支（単位：百万ユーロ）

支　　出		収　　入	
借入金返済	7.26	減価償却費	23.42
投資額	71.62	水管理庁等からの補助	16.10
指示による支出	10.98	配賦費用	36.07
総支出	89.86	総収入	75.59
		2016年の投資的収支の赤字	14.26

出典：オー・ド・パリ（2017）

　費用の合計が約1億7,130万ユーロであり、これに占める減価償却費2,342万ユーロは、総費用の約13％である。一方の札幌市では、平成29年度水道統計（（公社）日本水道協会発刊）によると、総費用296億1,900万円に占める減価償却費124億1,000万円は、総費用の約42％に相当する。

　パリ市を含めてフランスの上下水道施設は、日本よりも歴史的に古く、また耐震化を必要としないなど条件が異なる点もあるが、その違いは目を見張るものではないだろうか。これについては、図2-1で見たように、パリ市内では下水道が他のインフラの共同溝として活用されており、下水道の上部に上水道管、中水道管が布設されており、管路の状態監視が容易であることも、減価償却費（更新投資額）低減に寄与していると考えられる。

　営業収支と同じようにオー・ド・パリの投資関連収支を見ると表2-11のとおりである。2016年度の投資収支結果については、1,426万ユーロの赤字となっているが、営業収入が4,419万ユーロであり、全体としてはプラスのキャッシュとなっていると考えられる。

　ちなみに、フランス全土の上下水道事業における管路・施設の新設および更新投資額については、2012年時点では合計で64億6,700万ユーロに達している。投資額の推移については、2005年時点から年平均0.7％増加しており、浄水場および下水処理場への投資が増加し

■図2-8　投資額の推移（単位：百万ユーロ）

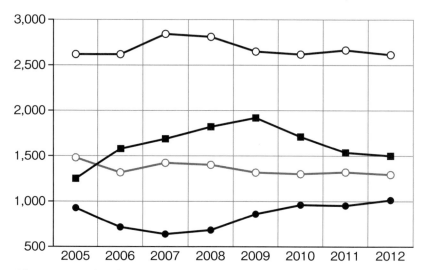

出典：FP2E、BIPE（2015）

　ているようである。また、FP2EとBIPEによると、これらの投資財源の構成については、公的機関から約半分、後述する水管理庁から約21％、県および州から14％などであるとされている。

　ここでは、オー・ド・パリのような大規模事業体においても水管理庁等からの補助金（投資支出の約21％に相当）があることに注目したい。フランスでは基本的に水道事業に係る費用は水道料金で賄われることが原則となっているが、水道事業に対しても水管理庁からの賦課金を原資にした補助金が存在している。また、水管理庁からの補助金は、下水道事業も同様に対象とされており、水道事業よりも多く支援が出されている。投資に対する制度的な支援プログラムの整備、下水道事業に対する手厚い支援という点においては、日本と共通してお

り、その財政支援プログラムの詳細については第3部に記述する。

　オー・ド・パリの収支計算書の例で見たように、オー・ド・パリでは一般会計からの繰入金等はなく、基本的には水道施設に係る費用は水道料金で賄われることが原則となっている。ただし、下水道事業については、水管理庁からの賦課金を原資にした補助金収入が存在している。

3.　資金調達手法等

　補助以外の投資財源としては借入金（起債）があるが、フランスの地方公共団体では、銀行等金融機関からの借り入れを行う方式がほとんどである。主要な引受先としては、民間金融機関もあれば、公的部門が保有する金融機関もあり、また、地方公共団体への貸出を中心業務とする公的金融機関も存在している。日本の財務省による財政融資のように国が地方債を直接引き受ける方式は確認されていない。

┃表2-12　フランスにおける地方公共団体の借入残高に占める貸し手別シェア

調達方式	金融機関名	解説	地公体借入残高に占める比率	性格
銀行等引受	Groupe BPCE	二つの協同組織・金融機関グループバンク・ポピュレールとケス・デパーニュの系統中央機関が2009年に合併して発足した大手金融機関グループ	22.2%	民
	SFIL（Société de financement local）	Dexiaの破綻を受けて、地方公共団体向け融資を専門に扱うために設立された。政府75%出資。	13.8%	公
	Groupe Credit Agricole	大手金融グループ	13.2%	民
	CDC（Caisse des dépôts et consignations）	預金供託公庫（公的金融機関）	11.2%	公
	Dexia	公庫から派生した地方公共団体向け融資最大手行だったが、欧州金融危機で破綻（業務はその後SFILに移行）	9.2%	公
	Societe Generale	大手金融グループ	7.2%	民
	BEI（Banque européenne d'investissement）	欧州投資銀行（EU加盟国の共同出資による銀行）	6.2%	公
	Groupe Credit Mutuel	相互信用連合グループ（共同組織金融機関）	2.9%	民
	Banque Postale	郵便貯金銀行	3.0%	公
	その他	日本の地方公共団体金融機構に類似し、2013年に地方共同の資金調達機関として設立されたフランス地方金融公社（AFL, Agence France Locale）等	6.3%	
証券発行			4.8%	
合計			100.0%	

出典：Finance Active（2016）より作成

コ ラ ム　上下水道のテクノロジー

　近年の上下水道事業におけるテクノロジーの進化という点では、フランスにおいても、膜処理施設およびスマートメーターの導入が進んでいるようである。膜処理については、2006年時点で59万2,103m^3/日であったものが、2013年には94万6,924m^3/日に増加している。また、スマートメーターについては、2013年時点で1,600万個のメーターのうち19％で導入されている。

▌図2-9　膜処理施設およびスマートメーターの増加

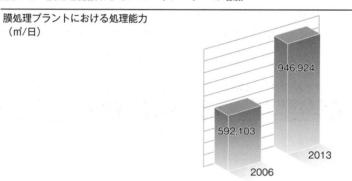

膜処理プラントにおける処理能力
（㎥/日）

946.924

592.103

2006

2013

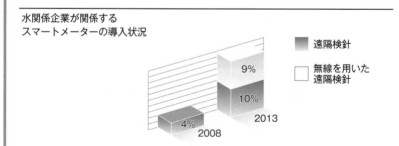

水関係企業が関係する
スマートメーターの導入状況

遠隔検針

無線を用いた
遠隔検針

9%

10%

4%　2008

2013

出典：FP2E、BIPE（2015）

　また、下水道のリアルタイム監視や、アセットマネジメント
ツールが挙げられる。これらスマートツールの活用による管網の
効率性向上（ボルドー市の水圧管理（漏水改善）、ボーヌ市にお
ける3カ月の水使用に相当する漏水改善、リヨン市におけるス
マートセンサー導入による漏水箇所発見への寄与）等の効果がみ
られる。

　この他に、下水道事業での、集中監視・制御システムの導入を
みていきたい。

　パリ市を含めた一帯のコミューンの汚水を処理する6つの処
理場とそれを結ぶ450kmの主要幹線を管理するパリ圏広域下水
処理組合（Syndicat interdépartemental pour l'assainissement
de l'agglomération parisienne、以下「SIAAP」という）では、
SAPHYRSという集中監視・制御システムが導入されている。こ
のシステムの運用は、常時2名（交代制で全体16名体制）で管轄
内のポンプおよびゲート、バルブ等の遠隔制御を行い、処理場間
の流入量の調整や雨天時の河川放流水量の調整等を行うことが可
能である。このほかに、過去の気象や維持管理記録を取り込み、
将来の流入汚水量を予測するシステム（MAGES）が確立してい

写真2-7　SIAAPの集中監視制御システムおよび流量予測システム

出典：著者撮影

る。MAGESでは、晴天時は24時間先、雨天時には6時間先までの予測が可能であり、作業員の負担軽減に寄与している。

　ボルドー市の集中監視・制御システム（RAMSES）では、気象データ、各雨水貯留槽の水位データのほか、市内の交通状況データまで組み込まれている。交通状況データが組み込まれているのは、緊急で現場に駆けつける際に、渋滞を避ける目的である（パリ市のSIAAPのシステムに組み込まれていないのは、SIAAPの管理対象範囲が処理場と幹線管路に限られており、管路の事故や住民からのクレーム対応等がほとんどないためであると考えられる）。RAMSESでは、15名体制で管理を行っており、システム運用は6名（必ず1名は常駐）、残りは処理場の管理を行っている。また、RAMSESでは近隣の3つの処理場の監視制御も行っており、それらの施設は無人運転である。さらに、システムには現状の気象データに対し、どのように貯留槽および処理場の運用を行うかについて、過去のデータを踏まえた運用シナリオを提示する機能が備えられている。

　当該システムは、ボルドー市が導入し、DSP受託者であるスエズ子会社が運転・維持管理を行っている[14]。システムメンテナンス等に係る費用については、現在のDSP契約の範囲内であり、スエズ子会社が負担している。雨水対策に関してもDSP契約によりスエズ子会社に委託されている。契約の段階で、10年に1度の規模の降雨（40mm/h）に対する対策責任はスエズ子会社に、それ以上の降雨量の場合はメトロポールにその責任が所在することが取り決められている。

　パリ市（SIAAP）およびボルドー市（スエズ子会社）は、いず

14　契約満了に伴うコンペにより、2019年からヴェオリア子会社が受託しているが、本書ではスエズ子会社受託時の情報を基に記載している。

▌写真2-8　ボルドー・メトロポールの下水道集中監視・制御システム

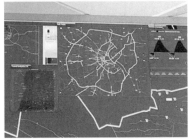

出典：著者撮影

　れも域内の集中監視・制御システムを導入することで、処理場間の下水の融通や貯留槽の効率的な運用を行うことができ、運転監視の省人化および施設の有効活用の面で優れた体制となっている。

　他の業務を含めた全体の執行体制については、ボルドー市ではメトロポールにおいて75人（うち下水道のDSPをマネジメントする者が15人）とスエズ子会社の260人が業務に従事している。日本の同規模下水道事業体と比較した場合、処理人口82万人の仙台市では252人（平成27年度版「下水道統計」、（公社）日本下水道協会発刊）が従事している。日本の下水道事業は個別委託を積極的に活用しており、単純な比較は困難であるものの、フランスと日本の下水道事業の執行体制については、大きな違いはないと考える。

第3部 上下水道事業の財政と流域マネジメント

第1章 フランスの上下水道事業と「流域マネジメント」

1. フランスにおける上下水道事業の財政マネジメント

　フランスにおける上下水道事業は、先述のとおり、原則コミューンが事業主体となっており、その事業に係る財政は、原則として独立採算制が採用されている。しかしながら、資金の流れをよくみると、流域を単位とした補助制度も存在している。フランスにおける補助制度の仕組みは、河川流域ごとに完結した再配分の仕組みであり、日本にはないユニークな特徴を持つ。ここでは、こうした流域を単位とする補助制度を中心とした、フランスにおける上下水道事業の財政マネジメントのあり方について、解説する。

2. 上下水道事業の財源構成

（ア）上下水道事業の財政管理の原則

　フランスの上下水道事業の財政運営を語る上で欠かせないのが、"L'eau paye l'eau"（水に要する費用は水料金で賄われる）の原則である。この理念が、受益者負担の原則として、政府、地方公共団体、民間企業まで、水業界関係者の共通認識となっている。

　第2部で紹介したように、CGCTでは、水道と下水道の事業会計は

収支相償が原則とされている。しかしながら、この収支相償の原則の
みで事業が成り立つかどうかは、必要とされる水環境の保全・回復の
度合い、人口の規模・密度、地域の社会経済状況等によって異なると
想定される。こうした点で、環境法典 L201-1条でも掲げられている
水環境保全の目的を達成するために補助制度が存在しているが、フラ
ンスにおける補助制度は、6つの流域単位で、各流域のSDAGE（水
資源管理基本計画）に基づき運用されており、日本の一般租税を原資
とした全国で一つの補助制度と異なる。財源として、いわば目的税と
もいえる賦課金を流域単位で徴収運用する、フランス特有の「流域単
位補助制度」が存在している。

（イ）上下水道事業における財源の概要

　フランスにおける上下水道事業の建設改良と維持管理に要する費用
は、主に、水使用者からの料金収入と、流域ごとに設置されている
「水管理庁」からの財政支援で賄われている。

　水使用者からの料金収入は、日本と同様に各上下水道事業が、原則
使用者の水使用量に基づき上下水道料金を算出し、それを使用者に請
求することで回収される。料金についての詳細は第4章で記述する。

　水管理庁からの財政支援は、水使用者をはじめとする受益者からの
目的税的な性格の賦課金が財源となっており、水管理庁を中心とした
財政マネジメントによる資金配分（補助金、無利子ローンといった形
態）が行われている。これは、先述した「水に要する費用は水料金で
賄われる」の理念に基づく制度である。

　なお、雨水に係る費用は、日本と同様に一般会計からの繰入が可能
となっている。

▌図3-1　フランスの下水道事業における財源構成

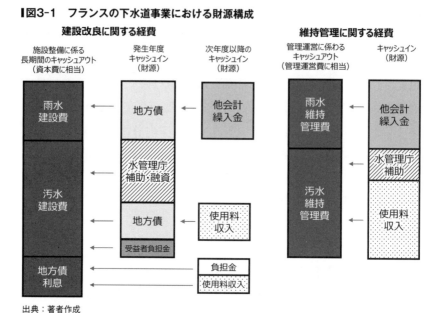

出典：著者作成

（ウ）上下水道事業における資金フロー

　フランスの上下水道事業における資金の流れは、図3-2および図3-3のとおりである。

　水道事業についてみると、2012年において、収入は約32億ユーロであり、その財源の内訳は水使用者からの料金収入が約20億ユーロ（64％）、DSP実施時に、発注者であるコミューンまたはEPCIに配分される収入は約4億ユーロ（13％）である。一方、県および州からの補助は約2億ユーロ（7％）であり、水管理庁からの補助は約5億ユーロ（15％）となっている。

　一方、下水道事業は、収入が約39億ユーロであり、内訳は水使用者からの使用料収入が15億ユーロ（38％）、DSP実施時に配分される使用料等の受託者からの収入が約4億ユーロ（11％）、県および州か

▎図3-2　フランスの水道サービスにおける資金フロー（2012年）（単位：百万ユーロ）

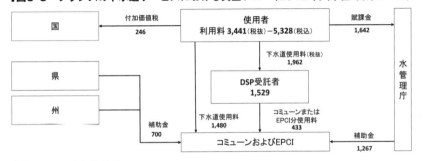

出典：FP2E、BIPE（2015）

▎図3-3　フランスの下水道サービスにおける資金フロー（2012年）（単位：百万ユーロ）

出典：FP2E、BIPE（2015）

らの補助が7億ユーロ（18％）、水管理庁からの補助が13億ユーロ（33％）である。県および州ならびに水管理庁からの支援を合わせると、コミューンおよびEPCIの収入の50％以上は補助金による収入であることが分かる。

　コミューンおよびEPCIの収入における、県および州ならびに水管理庁からの補助の割合は、水道事業の22％に対して下水道事業は51％と高いことが分かる。さらに、近年、下水道事業に係る補助金が年平均7％程度ずつ上昇しており、その要因としては産業や農業の汚染負荷対策が挙げられている。

第2章 　　水管理庁を中心とした
　　　　　流域財政マネジメント

　第１章の図3-2、図3-3に紹介した資金フローからも分かるとおり、フランスの上下水道事業の財政には、水利用者から収受する料金とともに、水管理庁から支給される補助金が大きな割合を占めている。ここでは、フランスの上下水道事業において重要な役割を果たしている水管理庁を中心とした財政マネジメントについて紹介する。

1. 流域単位の水マネジメントと水管理庁

　フランス全土は水系的基準から６つの流域に区分されており、その流域単位で上下水道事業と水環境保全に関する政策が実行されている。水管理政策は川上から川下までを一体とした、良好な水生環境の保護と持続可能な開発を目的としており、各流域内でコミューンまたはEPCIが単独または連携して水事業に関するプロジェクトを実施し、プロジェクトへの資金の分配が行われている。いわば、１つの流域を

▌図3-4　フランスの６つの流域

▶６流域と水管理局

①アルトワ＝ピカルディ流域
②セーヌ＝ノルマンディ流域
③ライン＝ムーズ流域
④ロワール＝ブルターニュ流域
⑤アドゥール＝ガロンヌ流域
⑥ローヌ＝地中海とコルシカ島流域

出典：セーヌ＝ノルマンディ水管理庁HPより著者作成

■図3-5　水管理庁の仕組み

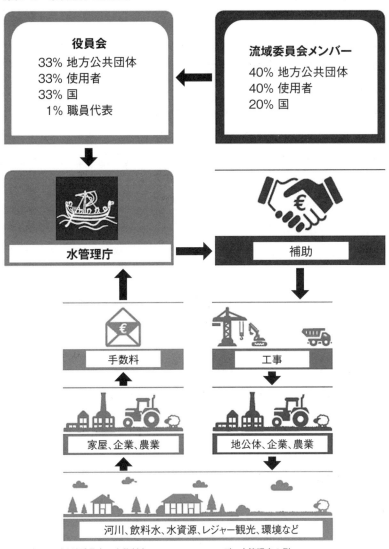

※役員会および流域委員会の人数割合はセーヌ＝ノルマンディ水管理庁の例
出典：セーヌ＝ノルマンディ水管理庁HPより著者作成

1つの国に見立てたような、流域単位の水質管理と財政のマネジメントシステムが確立しているといえる。

　この仕組みの中心となっている組織が、流域ごとに設置されている水管理庁である。水管理庁は、水質汚染を減らし、水資源と水生環境の保護に貢献することを使命とした、環境連帯移行省の所管下の公施設法人であり、全6機関で1,800人の職員が従事している。

　水管理庁は、水資源管理基本計画（SDAGE）に定められた目標に向けた施策の実施機関として、バランスがとれた効率的な水資源と水生環境の管理、飲料水の供給、洪水対策および持続可能な経済活動を実行する役割を果たしている。

　また、水管理庁には、その活動方針および徴収する賦課金水準を定める議会に相当する組織として流域委員会が設置されている。流域委員会には地方公共団体の代表、上下水道使用者の代表、国の代表と、流域内における全ての関係者が参加しており、互いの利害を調整する場となっている。また、地方公共団体、地方議員、国、使用者のいずれからも、この流域単位の地域間連携の仕組みが重要なものとして認識されている。流域委員会は6年ごとに水質保全活動に係るアクションプランを作成し、優先解決課題や課題への支援策を決定するとともに、使用者から徴収する賦課金の額と各アクションプランへの補助率を決定している。

2. 水管理庁による財政補助制度

　水管理庁は、環境法典（L213-10条）に基づき、ルドヴァンスと呼ばれる目的税に類する賦課金を水利用者から直接徴収している。これは、コミューンまたはEPCIが水利用者から徴収する上下水道料金とは異なるものである。

　水利用者に課される賦課金の例としては、汚染対策（Lutte contre

la pollution）や下水管きょの近代化（Modernisation des reseaux de collecte）といった区分で単価が決められており、水の使用量に応じて水管理庁に支払う賦課金額が決定される。環境法典上、前者は上水道事業者を介し、後者は下水道事業者を介して徴収されるものと規定されている。

　水管理庁は、この賦課金収入を財源として、環境法典L213-9条に基づき、SDAGEを踏まえ、上下水道事業を担うコミューンまたはEPCIに対して、上下水道施設の新設および改築に係る建設費・維持管理費への補助金や無利子ローンの分配を行っている。フランスにおいては、維持管理費への補助が認められている点が、日本の補助制度と異なっており、特徴的であるといえる。補助金はコミューンまたはEPCIからの申請に基づき、水管理庁での審査を経て支給され、汚水処理や水源保護、水生環境の保護、水環境保護に関する啓蒙活動のための費用に当てられている。

　なお、水管理庁が徴収する賦課金は、公的機関たる水管理庁に支払われるものであり、環境法典および租税法典において「他の租税公課と同じ方法により支払いをめぐる紛争時の解決がなされる」と定められている。また、賦課金の使途（受益）は流域内での水環境保全の

▌図3-6　水管理庁を中心とする流域財政管理の仕組み

出典：水管理庁HPを参考に著者作成

ニーズによって決定されるため、大量の水を使用し多くの賦課金を負担した世帯や事業所が必ずしも多く受益しているわけではない。

　次に、パリ市とその流域を含むセーヌ＝ノルマンディ水管理庁を例に、財政補助制度やその財政収支の具体例を挙げる。

3. セーヌ＝ノルマンディ水管理庁による財政補助制度

（ア）セーヌ＝ノルマンディ水管理庁の役割

　セーヌ＝ノルマンディ水管理庁（Agence de l'Eau Seine-Normandie）は、パリ市の中央部を走るセーヌ川を中心に、フランス北西部ノルマンディ地域沿岸部までの約9万5,000km²、フランスの国土面積の約18%をその管理流域とする水管理庁である。この流域はさらに6つの地域に細分化して管理されており、合計で約430人の職員によって運営されている。パリ市をその流域内に含んでおり、フランス最大規模の水管理庁である。

　他の水管理庁と同様に、水資源と水生環境保護のため、水生環境に関するモニタリングや調査、啓蒙活動等を行うほか、上下水道を担うコミューンまたはEPCIから提出される補助の申請を審査し、水使用

┃図3-7　セーヌ＝ノルマンディ水管理庁の管理範囲

出典：セーヌ＝ノルマンディ水管理庁HPより著者作成

者から徴収する賦課金を元手として資金的支援を分配する役割を担っている。

　この水管理庁では、2013～2018年の 6 年間を対象に、「水と衛生の保護」と名付けられた第10期水質保全活動プログラムが策定された。このプログラムの目的は、EU指令に則り、流域内の河川の62％で良好な水質状態を達成することであり、特に排水の収集や水処理の改善、都市部の雨天時の汚染防止、水生環境や湿地帯の保護等に焦点を当てている。 6 年間で総額64億ユーロの投資計画の下、各事業への補助プログラムや徴収する賦課金額を決定している。

（イ）セーヌ＝ノルマンディ水管理庁の補助制度

　セーヌ＝ノルマンディ水管理庁が、上下水道事業を担うコミューンやEPCIへ支給する補助の対象事業と補助率は年次レポート等で公開されており、第10期プログラムの下水道事業においては表3-1のとおりとなっている。これを見ると、補助制度の目的に合わせて個別に補助率が設定されていることが分かる。

　例えば建設改良事業の場合は、新設にも改築にも、また、管きょにも処理場にも補助が支給される。さらに、日本の国庫補助制度とは異なり、維持管理事業も補助の対象となっており、研究調査や広報活動、啓蒙活動等に支給されている。

▌表3-1　セーヌ＝ノルマンディ水管理庁からの補助対象事業と補助率

都市排水処理	
一般衛生研究	補助80％
特定の処理研究	補助50％
オペレーションの実証	補助70％
下水処理の近代化	補助40％＋無利子ローン20％
事業推進	50％

下水管きょの新設と改修	
管きょに関する研究開発	補助50%
管きょの新規整備	補助30% + 無利子ローン20%
管きょの改築更新	補助30% + 無利子ローン20%
下水道への接続工事	工事に応じて金額設定、簡単な接続2,000ユーロなど
事業推進	50%（初年度80%）

都市部の雨天時の汚染物質排出量削減	
特定の研究	補助50%
発生源の削減	補助70%
汚染量削減	補助40% + 無利子ローン20%
モデル事業	適宜

浄化槽（Non collectif）の衛生設備	

微量汚染物質の排出削減	
基礎研究/応用研究	補助80%/補助50%
汚染サイト対策等	補助80%

出典：セーヌ＝ノルマンディ水管理庁HPより著者作成

（ウ）セーヌ＝ノルマンディ水管理庁の財政状況

　セーヌ＝ノルマンディ水管理庁が収受した2016年の賦課金収入は、総額7億9,000万ユーロである。その内訳は、「汚染賦課金」が約7億ユーロと大部分を占め、水道利用者が使用水量に応じて支払う汚水処理に関する賦課金約3億8,000万ユーロと、下水道使用者が排出水量に応じて支払う汚水処理に関する賦課金約2億6,000万ユーロとなっている。

　割合としては少ないが、取水に関する賦課金についても9,200万ユーロの収入がある。

　一方、2016年度にセーヌ＝ノルマンディ水管理庁から各コミューンまたはEPCIに支給された補助金は総額約8億ユーロであった。そのうち約5億5,000万ユーロが家庭用汚水処理に係るものであり、全体の約69%を占める。

▌表3-2　セーヌ＝ノルマンディ水管理庁における賦課金収入

2016年の賦課金収入	金額（百万ユーロ）	割合
汚染賦課金	699.1	88.4%
家庭用汚水の処理	378.6	47.9%
家庭用汚水の移送	258.5	32.7%
産業用汚水の処理	22.4	2.8%
産業用汚水の移送	7.4	0.9%
畜産業用汚水の処理	0.5	0.1%
放流	30.4	3.8%
その他の汚水処理	1.3	0.2%
取水賦課金	91.58	11.6%
飲料水供給	75.8	9.6%
その他の経済活動での使用	9.5	1.2%
かんがい用水	4.1	0.5%
水生環境保全	0.9	0.1%
運河・水路による供給	1.2	0.2%
水路内の障害物	0.04	0.0%
水力発電	0.04	0.0%
干潮時の貯水	0	0.0%
合計	790.68	100%

出典：セーヌ＝ノルマンディ水管理庁（2017）より著者作成

▌表3-3　セーヌ＝ノルマンディ水管理庁における補助金支出

2016年の補助金支出	金額（百万ユーロ）	割合
汚染処理	638.7	79%
家庭用汚水の処理	553.1	69%
産業用排水の処理	35.7	4％
適正な農業手法の普及活動	49.9	6％
水需要の充足	83.6	10%
飲料水用水源の水質保全	75.2	9％
水源の定量的管理の改善	4.8	1％
国際協力への貢献	3.6	0％
環境の再生	74.2	9％
知識の強化	20.5	3％
水生環境の維持・保全	53.7	7％
ガバナンスの改善	7.3	1％
管理区域全体への啓蒙活動	3.6	0％
日常の水管理と水生環境保全に関する啓蒙	3.7	0％
合計	803.8	100%

出典：セーヌ＝ノルマンディ水管理庁（2017）より著者作成

4. 大規模事業から小規模事業への再分配

　フランスの水管理庁による事業体への財政補助制度は、先述のとおり流域の水資源保全や生態系保全を目的としている。

　ただし、一般的には農村部は人口が少なく上下水道の普及率も低いことから、小規模な上下水道事業の方が補助の活用は多い傾向にある。この結果、大規模な上下水道事業では、水管理庁への支払賦課金の方が受取補助金の総額よりも大きくなり、小規模上下水道事業では受取補助金のほうが支払賦課金よりも大きくなる傾向にある。これにより、大都市での資金が小規模事業へ再配分されている。また、支援目的との関連性から、水道事業よりも下水道事業に手厚く補助されている。

　日本の国庫補助制度では、補助金の財源が目的税ではなく、普通税であり、上下水道事業への財政措置が補助金・交付金と地方交付税措置となっている。フランスでの目的税的な賦課金が流域内で上下水道と同じ料金表に、見える形で記載されていることは、国民が「上下水道インフラを整備・維持するのにどの程度のお金を支払っているのか」を把握しやすく、上下水道事業にとっては、補助金・他都市への再分配も含めて、本当の総括原価に対する使用者への負担が見える化されている。この点において日本も学ぶことが多いと考える。

　また、2012年1月29日の政令により、各事業で定める水道の漏水率の目標値が達成されていないにもかかわらず、その改善計画が策定されない等の条件に当てはまる場合、水管理庁に納めなければならない賦課金が引き上げられるという懲罰的インセンティブとしても賦課金は機能している点も着目すべきだ。

コ ラ ム　**フランスと日本の下水道事業に対する補助金額の比較**

　下水道事業について、6つの水管理庁から交付される補助金の合計額と日本の国費による補助金はどちらの方が手厚いといえるかを比較した。フランスと日本、各国の補助金額を処理水量単位で比較した場合、原単位当たりの補助金額はフランスが36円、日本が37円程度となり、両国間に大きな差は見られない。この賦課金を原資とする補助金は、特に新規の下水道整備を必要とする下水道事業体にとって貴重な財源となっている。

▌表3-4　**フランスと日本の下水道への補助金額規模比較（2013年）**

2013年	フランス水管理庁	日本国費
補助金総額	117,154 百万円	534,206 百万円
汚水処理量	3,200 百万m³	14,604 百万m³
処理量当たりの補助金額	36 円/m³	37 円/m³

※1ユーロ＝129.68円（2013年平均レート）で換算
出典：フランス共和国（2018）および下水道統計（（公社）日本下水道協会（2015））より著者作成

5. 補助制度に関する最近の動向

　近年、水管理庁の補助財源についてシーリング導入の議論がある。フランス国内の新聞記事では、21億ユーロを超える賦課金収入に関しては、超過分を国庫に帰属させるという制度について言及されている。また、賦課金収入実績額の一部も国庫納入させ、上下水道事業以外の財源にするという動きがみられる。これは「水に要する費用は水料金で賄われる」という原則論に反する動きであり、この動きに反対する地方議員も多いとのことである。水問題に関する全国大会等の場において、地方の立場からは、党派を問わず水管理庁の賦課金・補助制度の維持を訴えているとのことであり、今後の動向に注目したい。

第4部 上下水道事業の料金

第1章 料金制度

1. CGCTにおける料金設定の考え方

　第2部に記述したとおり、フランスでは、CGCT L2224-1条において、「商工業的な性格を有する公共サービス（上下水道事業を含む）の予算は、収支相償させなければならない」と規定されており、また、同L2224-2条においては、コミューンの予算において、「L2224-1条に規定する公共サービスへの支出を負担してはならない」との原則を規定している。

　このように、上下水道事業に要する経費への税の投入は、極めて小規模なコミューンなどの例外を除き想定されておらず、支払う料金が上下水道事業の経費回収の手段ということになる。実際に、同法典のL2224-12-3条では、「上下水道事業の料金は、投資、運営、更新に要する費用を賄い、関連する税や手数料等も全て含むものとして設定すること」とされている。

　フランスの多くの事業では、基本料金に加えて、使用量に関わらず単価が一定である単一従量料金制による二部料金制が採用されている。二部料金制である点では日本と共通しているが、使用量に応じて従量料金単価が増加する、いわゆる逓増制が多く採用されている日本とは対照的である。しかし、2010年1月以降は、逓増制の使用料単価

の設定も認められるようになり、徐々に逓増制を採用する団体も出てきている。

2. フランスの上下水道料金に関する基本的な枠組み

CGCTにおける上下水道料金に関する法的な枠組みは次のようになっている。CGCT第2部（コミューン）には、第2巻第2編第4章第2節として、「水および衛生事業」という項目が設けられているが、その細節第2として、「サービスの規約と料金（Sous-section 2：Règlements des services et tarification)」というパートが設けられている。

ここでは、まずCGCT L2224-12条において、水道および下水道サービスの提供に関する規約の策定義務や、郵便またはメールでの提示義務が水道事業者および下水道事業者としてコミューンまたはEPCIに課されている。そして、通知後最初の料金支払いは使用者による規約承諾とみなすといったことが規定されており、水道については、契約解除に関する規定も存在している[15]。

L2224-2条以降が主に上下水道の料金に関する諸規定となっている。主な規定としては、L2224-12-1条には使用者が、料金表の区分に応じて、料金を支払わなければならない義務が規定されており、L2224-12-3条において、上下水道事業の料金は、投資、運営、更新に要する費用を賄い、関連する税や手数料等も全て含むものとして設定することとされている。水管理庁を通じた補助制度があることから、この規定は費用を料金収入以外の収入で回収することを必ずしも禁止しているものではないと考えられる。

フランスの料金制度に関して特徴的な点は、2013年に制定されたブ

15　下水道については接続義務が公衆衛生法典 L1331-1条に定められていることから契約解除という概念が存在しないと考えられる。

ロット（Brottes）法の第19条で、各種インフラサービスを料金未払い時に供給停止することを禁止しており、未払いとなっている債権を消滅させるものではないものの、水道については通年にわたり供給停止不可の対象とされている点である。この措置の対象となる使用者は、適宜低所得者向けの保護制度の活用なども模索していくことが想定されている。

3.　上下水道料金の構成と料金水準

　水使用者が支払う上下水道料金等は大きく３つの要素で成り立っている。水道料金、下水道使用料と、第３部で紹介した水管理庁向け賦課金を含む関係機関向け手数料や付加価値税等をまとめて「その他」と分類される料金である[16]。全国の平均的な構成比の状況は図4-1のとおりである。下水道使用料が最も多く、次いで水道料金、そして税や賦課金などとなっている。

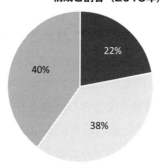

■図4-1　フランスの上下水道料金の構成と割合（2015年）

22%
38%
40%

■税や賦課金等
■水道料金
■下水道使用料

出典：ONEMA（2019）

　その他部分を除く上下水道料金の部分は、各事業を行うコミューンまたはEPCIが決定権限を持つ。それゆえに、事業により料金は異なるが、フランス統計局（INSEE）は、2012年のフランスの平均上下水道料金単価は3.54ユーロ/m^3、平均下水道使用料単価は1.85ユーロ/m^3であると発表している。年間120m^3のフランスの平均的な使用量をベースにすると、年間で425ユーロの上下水道

16　賦課金は、上下水道事業体が水管理庁に代わって徴収し、水管理庁に納入する。

▌図4-2　流域ごとの１m³当たりの平均上下水道料金単価（2015年）

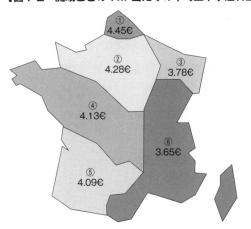

流域名	平均水道料金単価	平均下水道使用料単価	平均上下水道料金単価
①アルトワ＝ピカルディ流域	2.08€	2.37€	4.45€
②セーヌ＝ノルマンディ流域	2.07€	2.21€	4.28€
③ライン＝ムーズ流域	1.97€	1.81€	3.78€
④ロワール＝ブルターニュ流域	2.09€	2.03€	4.13€
⑤アドゥール＝ガロンヌ流域	2.02€	2.07€	4.09€
⑥ローヌ＝地中海とコルシカ島流域	1.91€	1.74€	3.65€

出典：ONEMA（2018）

料金を支払うことになる。

　図4-2は流域ごとの平均上下水道料金を示したものである。相対的に北西部および中央部の料金が高く、南東部の料金が安い傾向が見られる。

　また、コミューンやEPCIの人口規模によっても上下水道料金に若干のばらつきがみられる。人口3,500人から１万人の事業の料金を頂点に、それより人口が少ない、あるいは多くなると徐々に料金が安くなる傾向が見られる。1,000人以下の事業において料金水準が低くなる理由としては、例えば、原水品質が良好だったり、産業活動が活発

ではなく、下水処理の技術も高レベルなものが求められないために、コストが低くて済むといった要因などが想定され、必ずしも人口規模に反比例して料金が高くなるという関係にあるわけではない。

　なお、フランスの家計における上下水道料金の占める割合をみると、2013年の統計上は0.8％に相当するとされている。電気・ガスや通信料と比較して、上下水道料金の負担は軽いようである。

▌図4-3　人口規模別1m³当たりの上下水道料金単価（2015年）

単価

人口規模	下水道	水道
1,000人以下	€1.93	€2.00
1,000～3,500人	€2.20	€2.13
3,500～10,000人	€2.21	€2.15
10,000～50,000人	€2.15	€2.14
50,000～100,000人	€2.09	€2.07
100,000人以上	€1.89	€1.92
全国平均	€2.01	€2.03

■水道　■下水道

出典：ONEMA（2018）

▌図4-4　家計に占める上下水道料金の割合

その他費用
92.7%

上下水道料金
0.8%

電気・ガス・燃料費
4.4%

通信料金
2.1%

出典：FP2E、BIPE（2015）

第2章　主要都市の料金の事例

1．パリ市の上下水道事業運営と上下水道料金

（ア）パリ市の上下水道事業運営

　ここでは具体的な例として、パリ市の上下水道料金の構造を紹介する。

　パリ市はフランスの中央部よりやや北側に位置し、行政区域面積105km^{2}の中に人口230万人を抱える、世界有数の大都市である。

　第2部でも紹介したとおり、パリ市の上下水道事業は、水道事業について、日本の地方独立行政法人に相当するEPICである、オー・ド・パリが管理し、下水道は枝線管きょとその管理をパリ市衛生課（Section de l'Assainissement、SAP）[17]が担い、幹線管きょの整備とその管理や汚水処理は事務組合であるパリ圏広域下水処理組合（SIAAP）が管理している。具体的には、オー・ド・パリが水源から蛇口までの水道事業の管理運営を、パリ市衛生課が合流式下水道の枝管網で汚水・雨水を収集し、SIAAP管理の幹線への接続点までを、そしてSIAAPが収集した汚水・雨水の輸送と下水処理場での処理、放流までを管理している。いずれも公的な組織体ではあるが、地方独立法人形態、コミューンやEPCIの部局、事務組合と様々な形態の組織が連携して事業を行っている（この点は第5部で詳述する）。

　なお、SIAAPは、パリ市を含む4つの県と、周辺の180市町村の汚水処理を行っており、処理区域1,800km^{2}内の約900万人の汚水処理を行う巨大組合である。

17　パリ市役所における水政策は、清掃・水局（La Direction de la Propreté et de l'Eau、DPE）の上下水道部（Le Service Technique de l'Eau et de l'Assainissement、STEA）が所管しており、上下水道部には衛生課のほかに、水政策課（Section de la Politique des Eaux、SPE）が置かれている。

┃図4-5　パリ市の上下水道事業運営

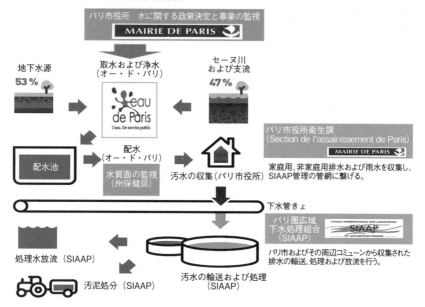

出典：パリ市（2018）より作成

（イ）パリ市の上下水道料金の構成

　パリ市の上下水道料金は、水道の運営事業体であるオー・ド・パリが水道料金と下水道使用料、そして水管理庁への支払いとなる賦課金をまとめて徴収している。図4-7の上下水道料金請求明細を見ると分かるとおり、料金表での記載は、水道、下水道、税金等の３つに区分されており、水道と下水道部分は、年単位で固定額を支払う基本部分と水使用量に応じて算定される従量部分が組み合わさった二部料金制となっている。水使用者はそれらを一枚の請求書で請求され一体的に支払う。なお、料金単価については水道、下水道ともにどれだけ使用料が増えても単一の料金単価になっており、日本でよくみられる逓増制の料金制度とは異なっている。

▌図4-6 2016年時点のパリ市における上下水道事業の使用水量と料金の通知

出典：オー・ド・パリHPより著者作成

▌図4-7 2016年時点のパリ市における上下水道事業の請求明細（図4-6の3カ月で475m³使用した場合の例）

	Quantité		税抜単価	税抜料金	付加価値税率	付加価値税額	税込料金
水道料金				514,75		28,30	543,05
基本料金（口径20mmの貸与と管理料）	1		6,7600	6,76	5,5%	0,37	7,13
従量料金	du 22/10/15 au 31/12/15	363 m³	0,9884	358,79	5,5%	19,73	378,52
	du 01/01/16 au 22/01/16	112 m³	0,9983	111,81	5,5%	6,15	117,96
パリ市納付料金	du 22/10/15 au 22/01/16	475 m³	0,0150	7,13	5,5%	0,39	7,52
水源保護料金	du 22/10/15 au 31/12/15	363 m³	0,0603	21,89	5,5%	1,20	23,09
	du 01/01/16 au 22/01/16	112 m³	0,0489	5,48	5,5%	0,30	5,78
河川流量維持料金（流域公法人Seine Grands Lacsへの納付）	du 22/10/15 au 31/12/15	363 m³	0,0078	2,83	5,5%	0,16	2,99
	du 01/01/16 au 22/01/16	112 m³	0,0005	0,06	5,5%	0,00	0,06
下水道使用料				601,15		60,12	661,27
パリ市衛生課使用料（汚水の収集）	du 22/10/15 au 31/12/15	363 m³	0,2890	104,91	10,0%	10,49	115,40
	du 01/01/16 au 22/01/16	112 m³	0,2990	33,49	10,0%	3,35	36,84
SIAAP使用料（汚水の流下、処理）	du 22/10/15 au 31/12/15	363 m³	0,9650	350,30	10,0%	35,03	385,33
	du 01/01/16 au 22/01/16	112 m³	1,0040	112,45	10,0%	11,25	123,70
公的団体への納付				343,59		25,31	368,90
水管理庁 水汚染対策賦課金		475 m³	0,4150	197,13	5,5%	10,84	207,97
下水管きょ近代化賦課金		475 m³	0,3000	142,50	10,0%	14,25	156,75
フランス水運公社関係	du 22/10/15 au 31/12/15	363 m³	0,0085	3,09	5,5%	0,17	3,26
	du 01/01/16 au 22/01/16	112 m³	0,0078	0,87	5,5%	0,05	0,92
合計				1 459,49		113,73	1 573,22
前期請求分調整							0,00
請求額							1 573,22

※サンプルとしている請求書が年を跨ぐもののため、毎年1月1日付で料金改定が行われる項目については、2015年単価と2016年単価の表示となっている。
出典：オー・ド・パリ HPより著者作成

　水道料金の内訳は、固定料金である基本料金、従量料金である水道使用料、その他にパリ市に納入される部分の料金、水源保護料金、当該地域の河川管理機構（Établissement public territorial de bassin Seine Grands Lacs（1969年に設立された、パリ市周辺の県による、地域の渇水対策や洪水対策を行う公的法人））による渇水対策料金となっており、小分類ごとに従量料金単価が定められている。

　下水道使用料については、パリ市衛生課（SAP）による汚水収集とSIAAPによる汚水処理の2つに分類されている。

　「税金等」は、水資源の保全・保護設備の資金調達を行う公共機関に対し課される賦課金や手数料およびTVAと呼ばれる付加価値税に相当する。パリ市の場合、水管理庁による汚染対策および下水道管網整備にかかる費用と、フランス水運公社（Voies Navigables France、VNF）という運河の航行を管理する機関による内陸水路管理費用が課せられている。

　なお、フランスのTVAは原則20％であるが、上下水道には低減税率が適用されており、水道サービスについては5.5％、下水道サービスについては10％の税率となっている。

　料金の構成割合は図4-8のようになっており、下水道使用料が46.4％と最も高い比率を占めている。

▌図4-8　パリ市の2018年の1m³当たりの上下水道料金の構成

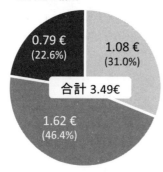

0.79 €
(22.6%)

1.08 €
(31.0%)

合計 3.49€

1.62 €
(46.4%)

■ 水道　　　■ 下水道　　　■ 税・賦課金等

※固定料金である加入料は含まない。
出典：オー・ド・パリ HPより作成

図4-9　パリ市における上下水道料金の推移と内訳

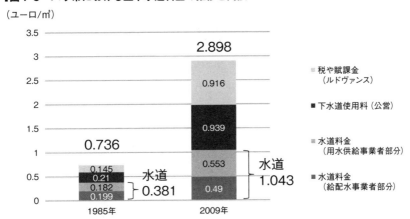

出典：浜松市上下水道部資料より作成

（ウ）パリ市の上下水道料金の推移

　1985年と2009年の料金を比較すると、下水道使用料においてより著しい料金上昇の傾向がみられる。1991年にEU指令を導入したことにより、特に下水道事業に対して水質保全のための費用負担が増えたことから、パリ市に限らずフランス全土で下水道使用料は上昇傾向にあった。事業によっては、1991年からの10年間で2倍ほどになったともいわれている。

2. 日本とフランス諸都市の上下水道料金水準の比較

　フランスと日本の各都市の上下水道料金水準を比較するに当たり、料金制度や使用水量の違いについて整理する。例えばパリ市では、先述しているように水使用量に関わらず均一の単価が採用されており、単価に水量を乗じることで料金を算出することが可能である。パリ市以外のフランス各都市においても、この均一の単価制度を採用している都市が多い。日本においては逓増制単価が採用されていることが多く、この点は料金体系上の大きな違いである。

　また、フランスは、バスタブでの入浴の習慣がないこと等、生活習慣の違いも要因し、日本と比べて家庭での使用水量は少ないと言われている。各都市の水に関する年次レポート等では、１世帯当たりの年間平均使用量を120m³として年間の料金水準が記載されていることが多い。一方、日本では１世帯当たりの１カ月の平均的な水使用量は20m³とされている。１年間では約240m³となり、フランスと比べると倍の量を使用していることになる。

　フランスにおいては月10m³、日本においては月20m³をベースとして１カ月当たりの上下水道料金を比較すると、表4-1のとおりとなる。使用水量は日本が倍であるにもかかわらず、１カ月の料金は日本とフランス各都市では大きく変わらない。つまり、フランス各都市の料金単価が高い印象を受ける。

　ただし先述のとおり、フランス各都市の料金には水管理庁へ支払う賦課金が含まれている。また、日本の逓増制単価と異なり使用量に関わらず均一の料金単価を採用していることや、使用水量の規模が違うことから、単純に１カ月の料金を比較して示唆を得ることは難しい。

▌表4-1　日本とフランス各都市の1カ月当たりの上下水道料金比較（2017年）

1か月当たり上下水道料金（消費税抜き）	
東京都	4,130円
大阪市	3,079円
名古屋市	4,152円
パリ市	4,013円
マルセイユ市	4,189円
ボルドー市	4,146円

※日本の都市は使用量20m³、フランスの都市は使用量10m³で算出
出典：［日本］各都市HPの料金案内ページ、［フランス］各都市のRPQS

　例えば、日本のような逓増制料金の場合、家庭用の水使用量が少ないケースではフランスより１カ月の料金が低く抑えられるが、ある一定の使用量水準を超えると料金がフランスを超える。つまり、日本の場合、店舗や工場等の多量水使用者が多くの料金を負担し、家庭の少量使用者の負担を軽減していることとなる。

　そこで、これらの制度上の違いを加味し、日本の都市に関しては有収水量に対する料金収入の規模（料金収入単価）で比較したものが図4-10である。フランスの主要都市であるパリ市、マルセイユ市、ボルドー市と人口が近い名古屋市、仙台市、新潟市、参考として東京都を選定して比較した。フランスの各都市は単価が水量に関わらず均一であることから、水管理庁への賦課金等を除いた料金単価を料金収入

▌図4-10　日本とフランス各都市の上下水道料金収入単価の比較（2017年）

出典：［日本］各都市HPの料金案内ページ、［フランス］各都市のRPQSより作成

▌表4-2　日本とフランスの上下水道料金の収入単価

	水道料金収入単価（円）	下水道使用料収入単価（円）	上下水道料金収入単価（円）	行政区域内人口（千人）
東京都	195.5	130.7	326.2	13,430
名古屋市	159.9	120.9	280.8	2,283
仙台市	208.8	149.6	358.4	1,056
新潟市	144.8	172.7	317.5	794
パリ市	136.8	171.0	307.8	2,220
マルセイユ市	190.8	166.1	356.9	1,065
ボルドー市	204.6	138.4	343.0	750

出典：［日本］各都市HPの料金案内ページ、［フランス］各都市のRPQSより作成

単価と同等として使用している。

　この結果を見ると、生活習慣や補助制度等の違いはあれど、日本およびフランスの大規模都市・中規模都市間では、おおむね同等程度の料金収入かつ単価水準であることが分かる。

寄稿

横浜市・SIAAPの覚書締結

横浜市環境創造局　下水道事業マネジメント課　課長補佐（下水道国際担当係長）**横内宣明**

1．はじめに

　横浜下水道は、明治4年に全国に先駆けて始められた、横浜港の外国人居留地における卵型煉瓦管による下水道整備にまで遡ります。その後、震災、戦災、戦後の米軍による接収など様々な困難に見舞われた結果、下水処理場の建設は他の大都市に比較して著しく立ち遅れることとなりましたが、昭和37年に中部下水処理場（現・中部水再生センター）で下水処理を開始して、ようやく本格的な汚水処理事業が幕を開けました。以降、全市域で管きょ・処理場の整備を進め、下水道処理人口普及率を短期間で飛躍的に向上させました。併せて、11の下水処理場をネットワーク化し、2つの汚泥資源化センターで汚泥処理を集約化するなど、人口が集中する都市ならではの特色ある下水道事業を展開しています。

2．横浜市による海外水ビジネス展開支援

　下水道事業運営において蓄積された技術・ノウハウを、急速な人口増加や都市化の進展に伴い、河川や海域等の水質悪化が顕在化している新興国等の都市において活用することが、国際貢献の面で求められています。また、成長著しい海外の活力を国内経済に取り込む動きが活発化する中、横浜市では、平成23年11月に海外水ビジネス展開に向けた公民連携のプラットフォームである「横浜水ビジネス協議会」（以下、「協議会」という）を設立しました。協議会には令和元年9月末

現在175社が登録しています。

　この協議会の活動を通して、公民連携による国際展開に関する情報共有・意見交換をはじめ、国土交通省やJICA、アジア開発銀行などとともに、水環境問題に直面している新興国等へ会員企業と同行し、技術協力やビジネス展開の可能性を探る調査等を実施しています。

　さらに、横浜市北部下水道センターを「水・環境ソリューションハブ」の国際展開戦略拠点と位置付け、海外からの視察受入れ等に積極的に活用し、横浜市および協議会会員企業のノウハウや技術を効果的に発信し、プレゼンス向上を図っています。

　北部下水道センターでは、下水の高度処理や再生水の有効利用を行うとともに、昭和62年から日本で初めての卵形消化タンクを稼働させ

北部下水道センターにおける海外からの視察者受入れの様子

たことをはじめ、消化ガス発電や、改良土プラントによる焼却灰の有効利用、汚泥の燃料化、隣接するごみ焼却工場との電力の相互供給など、様々な先進的な取組みを実施しています。こうした取組みを視察するため、海外から多くの視察者が訪れており、水環境分野の技術者のみならず、大臣や地方公共団体首長等の要人なども多く訪れています。平成30年度の視察者数は35カ国201人にのぼりました。

3．SIAAPとの交流の経緯

　北部下水道センターに、フランスのパリ圏広域下水処理組合（SIAAP）が初めて訪れたのは、平成29年10月でした。この時、SIAAPは30年後を見据えた下水道事業の長期ビジョン策定に向けて、世界の先進都市10都市程度の様々な取組みを調査しているところで、この調査の一環で横浜市を訪れました。また、令和6年のパリ・オリンピックに向けてトライアスロン会場となるセーヌ川の水質改善も急務となっており、平成21年から横浜港でトライアスロン世界シリーズを開催していることも、横浜市の水質改善の取組みに興味を持たれた理由の一つでした。

　一方、横浜市も、平成30年7月にSIAAPを訪問しています。これは、近年、日本国内で下水道事業におけるコンセッション導入促進の動きが活発化している中、フランスの下水道事業における公民連携の現状や課題を把握し、今後の下水道事業運営の適正な在り方の検討に活かすことを目的として訪問したものです。SIAAPとの意見交換と合わせて、SIAAPから紹介いただき、パリ市上下水道部およびパリ市に隣接するオー・ド・セーヌ県の土地利用開発部にも訪問し、下水道事業における公民連携の状況を確認するとともに、適正な在り方について意見交換を行いました。

SIAAPを含むこれらの３つの機関は、長期の民間委託による施設運営の契約が満了するタイミングで、公営化を選択したところもあれば、引き続き民間委託を選択したところもありましたが、共通点として、いずれも行政のガバナンスの確保・強化を重要視していた点が挙げられます。

その後、平成30年９月にSIAAPは、IWA国際会議の東京開催に合わせて、再度横浜市を訪れ、この時から、継続的な知見の共有に向けて協議を開始しました。

SIAAPの概要

- パリ市を中心とする隣接３県（124 市町村）とさらにその外側の４地区（180 市町村）を対象とした下水道幹線と処理場の管理を行う広域下水処理組合

- 対象人口：約900 万人

- 管理範囲：

  基礎自治体下水道管網

  県の幹線下水道管

  広域幹線下水道管 ｝ SIAAP の管理範囲

  下水処理場

フランス共和国

イル・ド・フランス地域

SIAAP対象地域

パリ市

SIAAP の対象地域

（一部、SIAAP の HP より引用）

SIAAPによる横浜市訪問
（平成29年10月）

横浜市によるSIAAP訪問
（平成30年７月）

4．SIAAPとの覚書締結の目的

　以降、SIAAPとのテレビ会議等による協議を経て、令和元年8月に知見の共有と協力の促進を目的とする覚書の締結に至りました。

　この覚書では、以下の分野における知見の共有を図っていくこととしています。

・老朽化した下水道管の点検、維持管理などのストック・マネジメント
・効率的・効果的な下水処理場の運転管理（公民連携による事業の効率化等を含む）
・地球温暖化対策に向けた下水道資源の回収
・グリーンインフラの導入等による公共用水域の水質向上　等

　横浜市としては、世界的にも長い下水道事業運営の歴史を有し、先進的に公民連携に取り組んでいるフランスの最大規模の下水道事業体であるSIAAPから、下水道事業における老朽化対策についての知見や、公民連携の在り方等を検討するのに有益な情報を得ることを主な目的としています。

パリ市と横浜市の下水道事業の比較

	パリ市	横浜市
近代的な下水道整備の着手	【1856～1870年】 パリ市内の下水道幹線の整備が行われ、現在も使われています。 （総延長約560km）	【1881～1887年】 関内外国人居留地における下水道幹線の整備が行われました。 （約17km）
下水処理の開始※	【1875年頃】 広大な農地における下水のかんがい用水利用によって、下水処理が開始されました。 【1940年頃】 標準活性汚泥法処理を含む下水道事業計画が1930年に策定され、近代的な下水処理が開始されました。	【1962年】 震災や戦争等で整備が遅れ、1962年に中部下水処理場が稼働し、標準活性汚泥法による下水処理が開始されました。

※両市ともに、下水の処理が開始されるまでは、河川や海に下水を排除する目的で下水道管が整備されていました。

5．今後の展開

　令和元年8月に11年振りに横浜で開催された下水道展'19横浜では、SIAAPの紹介を受けたシンガポール公益企業庁が横浜市を訪れ、大口径下水道管の運営・維持管理について意見交換を行いました。今後、SIAAP、シンガポール、横浜市を含む大口径下水道管の管理者6者によってさらに議論を深めていくことが予定されています。

　SIAAPは、フランス国内の多くの下水道関係機関と連携しているほか、前述した先進都市調査等を通じて世界中の事業体とのネットワークを持っており、横浜市はSIAAPを起点として、大口径管のストック・マネジメントや、下水道資源からのエネルギー回収、グリーンインフラの導入など、世界中の下水道事業者に共通する様々な最新課題、新技術等に関して、効率的な情報収集が可能になると考えています。

　下水道分野における国際展開では、新興国等における水環境改善に向けた国際協力に加えて、こうした先進団体と連携した取組みを推進し、国連サミットで採択された国際目標である「持続可能な開発目標（SDGs）」達成への貢献につなげていきます。

第5部 事業主体の種類と広域化

第1章 上下水道の事業主体の種類

1. 上下水道の事業主体

　第2部で紹介したとおり、フランスでは基礎自治体であるコミューンが、水道事業（末端給水）と下水道事業という公共サービスの提供の事業主体であるとCGCTにおいて規定されている。これらの事業は、コミューンが単独で事業主体であることもでき、行政の事務や公共サービスの共同処理の枠組みであるコミューン間協力型公施設法人（EPCI）を組成して、EPCIに事業主体の権限を移すという選択を行うことも可能である。後者は、日本で言えば、広域化を選択しているということととなる。この点は第2部で概説した。第5部では具体例なども含めて、フランスの上下水道事業における広域化の制度と現状の詳細を紹介したい。

　広域的事業運営形態といえるEPCIの類型には大きく2つの種類がある。日本の一部事務組合[18]に相当する形態と、日本には厳密に言うと類似するものがないものの、税源も含めて様々な行政サービスが統合される「広域連合体」と呼べる仕組みの2つである。

　さらに、その上で各事業主体においては、コミューンまたはEPCI

18　地方公営企業法により、地方公営企業の経営に関する事務を共同処理する一部事務組合は企業団と称し、その管理者は企業長と呼ばれる。

▌図5-1　事業主体と運営方式の基本構造

出典：著者作成

により直接事業を運営するか、パリ市等のようにEPIC（商工業的公施設法人。日本の地方独立行政法人に類似する）を設立するか、いくつかの地域のように公共100％出資会社である地方公共会社を設立して契約を締結して事業を実施するか、または民間事業者とDSP契約を締結して事業を運営するか、自らの意志で運営手法を選択することとなる。第5部では、コミューンまたはEPCIによる運営やEPICによる運営について解説する。DSPにより事業者に運営を委ねる手法（図5-1のB）については、第6部で解説する。

　フランスでは、法令が直接的に規定しているように上下水道事業をコミューンが単独で実施しているケースと、広域的な事業主体が組成されているケースが存在している。これは人口6,718万人に対して3万5,416ものコミューンが存在し、平均規模は約1,900人に過ぎないという、その規模の小ささに起因する。その結果として、上下水道に限らず、行政事務や公共サービスの広域的処理がかつてから模索されてきた。なお、コミューンを「合併」させる政府の試みも1970年代にあったとされる。1971年にジョルジュ・ポンピドゥ（Georges

Pompidou）政権において政府は「コミューンの合併と再編に関する1971年7月16日法（マルセラン法）」により、コミューンの合併の推進を試みた。しかしながら、約3万7,700から約3万6,400にコミューン数が減少する程度の合併しか実を結ばなかった。それ以降フランスではコミューンの合併政策は志向されなくなり、「共同実施」の形を採用することが一般化した。

2. EPCIの種類

　コミューンが相互に協力しながら共同で事務やサービスを実施する仕組みを先述のとおり、EPCIと呼び、水道および下水道分野で、事業主体としての権限をコミューンからEPCIに渡して広域的な運営を行うことが可能となっている。EPCIには、大別して2つの仕組みが用意されている。税財源の無いEPCIと税財源を持つEPCIの方式である。それぞれの基本的な仕組みや事例を紹介する。

（ア）税財源の無いEPCI（事務組合）の仕組み

　日本の事業から見て比較的理解が容易なのは、「税財源移譲の無いEPCI（EPCI sans fiscalité propre）」である。これは、日本での一部事務組合や企業団といった仕組みに相当するものである。CGCT L5212-1条では、「コミューンによる事務組合とは、複数コミューン間の共通利益のある事業やサービスのために複数のコミューンの協力により組成されるEPCI（コミューン間協力公施設法人）である」と定めている。

　この事務組合方式には、さらにいくつかの種類があり、1つの公共サービス（例えば、下水道のみ）を共同実施の対象としている組合もあれば、複数の公共サービスを手がけている組合も存在する。これは日本でも、水道事業や下水道事業とそれ以外のサービスを組み合わせ

■図5-2　フランスの事務組合の仕組み

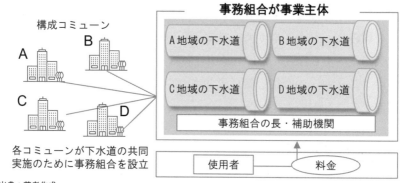

出典：著者作成

た複数事業を共同で実施している一部事務組合があるのと同じである。例えば、ひたちなか・東海広域事務組合では、ひたちなか市および東海村の消防、斎場、下水道およびクリーンセンターが共同実施されている。

　その仕組みは大枠では、日本における一部事務組合や企業団と共通しており、日本において一部事務組合に議会と管理者（組合長）が置かれるのと同様に、フランスの事務組合も、議会と組合長に当たる機関を設置する必要がある。

（イ）税財源を持つEPCI（広域連合体）の仕組み

　日本では直接対応する仕組みがないのが、「税財源を持つEPCI（EPCI à fiscalité propre）」である。あえて日本に当てはめて表現すれば、複数自治体から構成される広域連合や特別地方公共団体が、元々各市町村が持っていた「課税自主権」を持つものといえる。本書では税財源を持つEPCIを便宜的に「広域連合体」と呼ぶこととするが、注意が必要なのは、広域連合体を組成してもコミューンが無くなるわけではなく、あくまでも、コミューン間の協力により税財源の共有も

■図5-3　フランスの広域連合体の仕組み

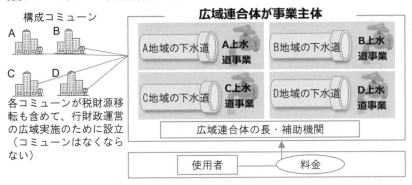

構成コミューン

A　B
C　D

各コミューンが税財源移転も含めて、行財政運営の広域実施のために設立（コミューンはなくならない）

出典：著者作成

■表5-1　広域連合体の類型と概要

広域連合体の種類	箇所数	主な要件	加盟コミューン数と人口
メトロポール（Métropole）	21	人口40万人以上　など	904コミューン 1,799万人
大都市共同体 （Communauté urbaine）	13	人口25万人以上　など	589コミューン 292万人
都市圏共同体 （Communauté d'agglomération）	223	人口5万人以上　など	7,488コミューン 2,351万人
コミューン共同体 （Communauté de communes）	1,001	人口1.5万人以上　など	25,926コミューン 2,218万人

出典：内務省地方自治体総局資料

含めた共同で事業実施をする、という枠組みであるという点である。

　広域連合体は規模が大きいものから順に、メトロポール（Métropole）、大都市共同体（Communauté urbaine）、都市圏共同体（Communauté d'agglomération）、コミューン共同体（Communauté de communes）と4つの種類がある。また、加盟コミューン数と人口をみると、ほぼ全てのコミューンが広域連合体に加盟していることになる。なお、CGCT L5210-2条により、1つのコミューンが複数の広域連合体へ参加することはできない。

　広域連合体のうち最大規模のメトロポールについて、人口規模上位

▌表5-2　人口規模上位のメトロポール（2017年 1 月時点）

メトロポールの名称	構成するコミューン数	人口
メトロポール・デュ・グラン・パリ (Métropole du Grand Paris)	131	7,068,810
メトロポール・デクス=マルセイユ=プロヴァンス (Métropole d'Aix-Marseille-Provence)	92	1,886,842
メトロポール・ユーロペンヌ・ド・リール (Métropole Européenne de Lille)	90	1,154,103
ボルドー・メトロポール (Bordeaux Métropole)	28	774,929
トゥールーズ・メトロポール (Toulouse Métropole)	37	760,127

注：リヨンが属するメトロポール・ド・リヨンは憲法に基づいて設置されており、法的にはEPCIではない
　　ため、100万人を超える人口を有しながらも統計中出現しないため表に含まれていない。
出典：内務省地方自治体総局データ

▌表5-3　人口規模上位の大都市共同体（2017年 1 月時点）

大都市共同体の名称	構成するコミューン数	人口
グラン・パリ・セーヌ・エ・オワーズ大都市共同体 (CU Grand Paris Seine et Oise)	73	411,100
サンテティエンヌ・メトロポール大都市共同体 (CU Saint-Etienne Métropole)	53	408,685
トゥール・プリュス大都市共同体 (CU Tour(S)Plus)	22	299,127
グラン・ランス大都市共同体 (CU du Grand Reims)	143	299,054
クレルモン・オーヴェルニュ・メトロポール大都市共同体 (CU Clermont Auvergne Métropole)	21	291,813

出典：内務省地方自治体総局データ

のものを見ると、パリ市、マルセイユ市、リール市などの主要都市が
含まれる。構成コミューン数は数十〜100程度であり、人口は突出し
ているパリ圏のメトロポールを除けば200万人未満となり、 4 番目に
大きいボルドーでも100万人に満たない規模である。

　次に 2 番目に大きい分類である大都市共同体を見ると構成コミュー
ン数はやはり数十〜100程度であるが、人口としては40万人前後かそ
れ以下となる。

3．広域連合体への権限の移行

　広域連合体を組成した場合、その事務の一部として、水道事業や下水道事業の事業主体としての権限（Compétence）が、義務的に、または広域連合体の任意の選択により移行されるようになる。相対的に大規模な区分であるメトロポールおよび大都市共同体の域内では、各コミューンの水道事業および下水道事業の事業主体としての権限を広

▌表5-4　メトロポールが義務的に事業主体となる事務・サービス

1．経済・社会・文化に関する開発整備 　産業立地区域、経済開発、社会開発、観光、空港・港湾等
2．メトロポール圏域の整備 　地域結束計画、交通政策、都市空間整備・通信事業等
3．住宅政策 　住宅整備プログラム、社会住宅財政支援等
4．都市政策 　都市地域開発や防犯に関する諸施策等
5．共同サービスの管理 　上下水道、消防等
6．環境保全 　ごみ処理、騒音公害対策、エネルギー政策、大気汚染対策、河川環境の管理等

出典：著者作成

▌表5-5　都市圏共同体が義務的または任意に事業主体となる事務・サービス

義務的に事業主体の権限を移行する事務・サービス	1．経済・社会・文化に関する開発整備
	2．圏域の整備
	3．住宅政策
	4．都市政策
任意に事業主体の権限を移行する事務・サービス（右記から少なくとも3つ選択）	1．交通
	2．下水道
	3．水道
	4．住環境
	5．文化・スポーツ施設
	6．社会行動（注：コミューンによって違いあり）

出典：著者作成

域連合体に移すことが義務付けられている。また、残る２つの広域連
合体の区分（都市圏共同体およびコミューン共同体）においては、水
道事業および下水道事業について、引き続き構成コミューン単位で事
業主体とするか、広域連合体に事業主体の権限を移譲し、広域連合体
単位で１つの事業主体とするかについては、任意の選択に委ねられて
きた。しかし、2015年の法改正により、2020年１月から権限の移譲が
義務化されることとなった。第５部第２章に解説する。

4. 統計的にみた上下水道の事業主体配分状況と規模

　コミューン単独、事務組合、広域連合体という枠組みが、上下水道
分野ではどのように活用されているか、統計情報を整理する。

　2015年時点の数値をみると、日本の約10倍の１万2,143の水道事業、
１万5,154の下水道事業が存在している。その内訳を事業数ベースで
見てみると、コミューン単体での事業実施が水道で9,042事業（74%）、
下水道で１万3,485事業（89%）となっている。事務組合による事業
が水道で2,815事業（23%）、下水道で1,161事業（８%）、広域連合体
による事業が水道で277事業（２%）、下水道で502事業（３%）となっ

▌表5-6　EPCIの活用状況

	水道事業数	水道供給人口	下水道事業数	下水道サービス人口に対する割合
コミューン単独による事業	9,042（75%）	1,696万人（25%）	13,485（89%）	30%
事務組合による事業	2,815（23%）	2,998万人（45%）	1,161（８%）	24%
広域連合体による事業	277（２%）	1,974万人（30%）	502（３%）	46%
合計	12,134	6,668万人	15,148	100%

注記：出典において、下水道事業のサービス人口に関してはパーセンテージのみ記載されている。
出典：ONEMA（2018）より作成

ている。人口ベースでみると、コミューン単独よりも、事務組合や広域連合体によるケースの方が多数となる。

　日本の公共下水道事業（1,189事業）における事務組合は16事業（1％）であることを考えると、フランスでは、基礎自治体が事業主体である場合が多数であるが、日本よりも広範に組合方式等を活用している、といえよう。さらに、フランスでは広域連合体への権限移譲の義務化という法改正により、広域連合体への権限の集中が一気に進むことが想定される。

　なお、事業当たりの供給人口を水道事業についてみると、コミューン単独の場合で約2,000人、事務組合で約1万人、広域連合体による場合で約7万人となる。なお、2016年度の日本の公営水道の1事業当たりの給水人口は約9万人、公営簡易水道事業では約800人となっている。

5. 事務組合や広域連合体の具体的事例

　ここでは、事務組合や広域連合体による上下水道運営の事例を紹介したい。まず、事務組合の事例として、イル・ド・フランス水組合（SEDIF）とパリ圏広域下水処理組合（SIAAP）を取り上げて、次に、広域連合体における水道事業および下水道事業の実施例を取り上げる。

（ア）イル・ド・フランス水組合（SEDIF）

　イル・ド・フランス水組合（Syndicat des Eaux d'Île-de-France、以下、「SEDIF」という）は、1923年に設立された、フランス最大の給水人口の水道事業であり、事務組合である。

　460万人分の水道水を浄水・給配水しており、給水先はパリ市周

▌表5-7　SEDIFの概要（2018年時点）

項目	数値	備考
給水先コミューン数	151	構成コミューンの加入または脱退があるため一定しない
給水人口	460万人	
契約数	約60万件	
年間給水量	約2.5億m^3	
浄水場数	7カ所	セーヌ川系統、マルヌ川系統、オワーズ川系統の3浄水場と、地下水を水源とする4浄水場がある。ただし、水量の97％は河川水系統であり、地下水はバックアップ水源の位置付け。
年間浄水量	2.86億m^3	地下水源分も含む
職員数	111人	女性43人、男性68人。事務職59人、技術職52人。

出典：SEDIF（2019）より作成

▌表5-8　SEDIFの河川水水源の浄水場の概要

浄水場名	Choisy-le-Roi（ショワジー・ル・ロワ）	Neuilly-sur-Marne / Noisy-le-Grand（ヌイイ・シュル・マルヌ/ノアジー・ル・グラン）	Méry-sur-Oise（メリー＝シュロワズ）
水源	セーヌ川	マルヌ川	オワーズ川
浄水量（日最大）	60万m^3	60万m^3	34万m^3
浄水量（日平均）	32.5万m^3	28.2万m^3	14.9万m^3
立地	パリの南方	パリの東方	パリの北方
対象給水人口	198万人	171万人	86万人

出典：SEDIF（2019）より作成

辺の地域の151コミューン[19]に及ぶ。なお、パリ市は、同市が設立したEPICであるオー・ド・パリが水道事業を運営していることから、SEDIFの給水対象ではない。

　SEDIFはパリ市に隣接し包囲するように位置しているが、水源の構成は大きく異なる。第2部や第4部で紹介したように、パリ市で

19　2018年12月31日時点の数値。給水先コミューンの参加・脱退があるため、数は一定しない。

は、歴史的に、遠方の地下水等に水源を求めたため、現在でも水源における地下水と河川水の割合はおよそ半々である。一方で、SEDIFでは、基本的に河川水を水源としている。

「組合」という名前が指し示すとおり、SEDIFは事務組合の形態を採用しているEPCIであり、複数の構成コミューンにより設立されたものである。ただし、組合の構成団体は、全て基礎自治体であるコミューン、というわけではない。複数コミューンにより広域連合体がまず形成された上で、当該広域連合体として水道サービスはSEDIFに加盟して供給を受けるという方式を採用している場合が多い。構成コミューンの詳細は次のとおり。

- 11の広域連合体（パリ近郊に見られるEPTという仕組み）を通じて約90コミューン
- 4つの都市圏共同体を通じて約20コミューン
- コミューン単独としての参加が約30コミューン

SEDIFは、意思決定機関として136人の議員から構成される委員会（Comité）、執行部としての組合長（Président）と複数の副組合長（Vice-présidents）が設置されている。2019年12月時点では、副組合長は11人が任命されている。組合長と副組合長はいずれも、組合を構成するコミューンの首長であり、例えば、1983年以来、再選し続けて組合長を務めているアンドレ・サンティニ（André Santini）は、1980年以来、パリ市南西部に隣接するイシー・レ・ムリノー（Issy-les-Moulineaux）コミューンの首長である[20]。このように、公選職の地位にある者が意思決定の中枢を占めている点がフランスの水道事業の組織の特徴といえる。

また、補助機関として事務局長を頂点にして111人（2018年時

---

[20]　サンティニはグラン・パリ・メトロポールの副メトロポール長でもある。また、かつては国務大臣や国民議会副議長も経験している。

▌図5-4　SEDIFの供給エリアとコミューン（着色部分。中央の白抜き部はパリ）

出典：Sylvie Thibert（SEDIF）プレゼン資料から引用

点）の職員が勤務している。事業規模に比べて職員数が少ないのは、
SEDIFが運営方式として、DSP契約を締結して民間事業者（ヴェオ
リア子会社のVeolia Eau d'Île-de-France（VEDIF）社）が運営を行っ
ているためである。ちなみに、SEDIFの技術職は事務職よりも少数

である。これはVEDIF社との契約により技術的な業務を委ねていることによるものと考えられる。

　SEDIFにおける官民連携の詳細は第6部で記述することとし、ここではSEDIFにおける官民連携の歴史的経緯を紹介する。SEDIFは1923年の設立以来、一貫して民間企業に運営を委ねている。1923年からは38年間の契約が締結され、満了後の1962年からは25年間の契約が締結されたが、1985年に2010年末まで契約が延長された。さらに契約満了後の2011年からの新たなDSPの契約期間は2023年までの12年間となっている。この間、受託者は一貫してヴェオリア社（前身のジェネラル・デゾー社（Compagnie générale des eaux）および今契約における子会社VEDIF社含む）である。

　さらに歴史を遡ると、元々現在のSEDIFの給水区域では、1800年代からジェネラル・デゾー社が複数のコミューンとの間で水道用水供給に関する契約を締結していた。ジェネラル・デゾー社は1914年時点で、現在のSEDIFの給水区域が含まれる当時のセーヌ（Seine）県やセーヌ＝エ＝オワーズ（Seine-et-oise）県のコミューンとの間で137の契約を締結しており、既に150万人に水道サービスを提供していた。

　そうした中で、1900年代の初頭から発注者であるコミューンの間では、単一の公的主体を組成することが議論され、第一次世界大戦なども挟みながら、SEDIFの創設に至った。当時のSEDIFの組合長によると、組合創設の目的は、受託企業と交渉をする上で十分強力な組織とし、コミューンや利用者にとってより良い条件を引き出すことに主眼が置かれていた。このように、官民連携を古くから実施してきた背景としては、広域的な事務組合を組成し規模の経済を働かせるとともに、モニタリングの着実な実施や民間事業者との交渉などのために、一定の組織規模を確立してきたという経過があるとの見方もできる。日本における広域化と官民連携の関係を議論する上でも重要だろう。

（イ）パリ圏広域下水処理組合（SIAAP）

　第4部においても、若干紹介をしたパリ圏広域下水処理組合（SIAAP）は、フランス最大の下水道事業体であるとともに、事務組合として設立されており、440kmの下水管きょ、6カ所の下水処理場を保有している。

　SIAAPは、パリ市およびパリ市を取り巻く3つの県によって設立された事務組合であり、県（デパルトマン）も構成団体になっているという点が特徴的である。構成団体は、SIAAPの議会に議員を出しており、議員（各県や市の議員でもある）はSIAAP議会に参加し、重要事項の意思決定のための議決を行うこととなる。

　第4部でも記述したとおり、その業務範囲は「下水処理場の整備・管理」と「下水処理場へ流入する主要幹線（φ2,000～φ4,000程度）の整備・管理」となっている。SIAAPは、3県1市の構成団体の区域内で、124コミューン、670万人分の汚水処理を担っている。その他に、構成団体の区域外でも、区域に隣接・近接している162のコミューン、230万人分の汚水を受け入れている。

　SIAAPで処理を行う前段階には特徴的な仕組みが存在している。それは、県の存在によるものである。県はSIAAPの構成団体であ

┃図5-5　SIAAPの構成団体と処理対象コミューン

出典：SIAAP資料を参考に作成

ると同時に、県自身としても、管路を設置し、管理している。この管路は、枝線（各コミューン）と処理場へ流入する大口径幹線管路（SIAAP）の中間に位置するものとなる。このようにコミューン（枝線整備・維持管理）→県（幹線整備・維持管理）→SIAAP（主要幹線整備・維持管理と水・汚泥処理）という3段階の構造が存在している[21]。これは、SIAAPが汚水処理について県をまたぐ広域汚水処理事業として創設されたことに起因したもので、日本にはない特徴的な事業運営形態といえるだろう。

---

21 ただし、パリ市はSIAAPとの間で直接、汚水・雨水をやりとりする、日本の流域下水道（都道府県）と流域関連公共下水道（市町村）と同じような2段階の構造となっている。

コ ラ ム　EPICにおける意思決定構造

　パリ市の水道事業のように、日本の独立行政法人に類似する EPIC（商工業的公施設法人）が設立され、運営主体となっている事例が存在している。ここでは、広域的運営手法から少し離れて、コミューンまたはEPCIによる事業運営の方法（レジー）の一つとして、EPICであるオー・ド・パリの組織、意思決定構造について考察する。

　オー・ド・パリは、パリ市が設立したEPICであり、主にパリ市議会議員によって、理事会（Conseil d'administration）が組織されている。20人の理事のうち13人がパリ市議会議員であるという点は、先述のSEDIFと同様、公選された職に就いている者が水道事業の意思決定を担うという特徴を表している。オー・ド・パリ理事長のセリア・ブロエル（Célia Blauel）は、エコロジー・気候・環境・上下水道を担当するパリ市副市長かつ、パリ市14区選出の市議会議員である。また、市議会議員である理事の中には、ジャン・ディディエ・ベルトー（Jean-Didier Berthault）のようにSIAAPの副組合長にも就任している者もいる。

　残りの7人は、市議会議員以外から選出されており、うち2人はオー・ド・パリの労働組合から、3人は水に関連する団体から各1人（パリ市が設置した水に関する討議組織である「パリ水監視機構」（Observatoire parisien de l'eau）、消費者団体の「UFC・ク・ショワジール」（UFC-Que Choisir）および自然保護団体「フランス自然環境」（France Nature Environnement））、そして、1人は学識経験者が任命されている。

　事務組合や広域連合体の場合と異なり、オー・ド・パリには議

会は存在しないが、設立主体であるパリ市との間で5年ごとに取り交わされる目標契約（contrat d'objectif）に沿った運営をすることが理事会の責務となっている。

第2章　広域化促進策

　フランスの上下水道事業の広域化に、大きな変化が起きようとしている。2015年8月7日に「共和国の新たな地方組織に関する法律」（Loi NOTRe、通称ノートル法）という法律が成立したためである。

　従来、広域連合体のうち、人口規模が相対的に小さい部類である、都市圏共同体とコミューン共同体では、上下水道事業の実施権限をコミューンから広域連合体に移行するか否かは各広域連合体の判断に委ねられていた。しかし、ノートル法により、都市圏共同体とコミューン共同体においても、水道事業および下水道事業の事業主体を広域連合体とすること、つまり、コミューンから広域連合体に権限を移行すること（Transfert des compétences）が、2020年1月1日をもって義務化されることとなった。つまり、原則として、2019年末までにコミューンは水道および下水道の事業主体としての地位をコミューン単体としては手放して、自らが構成する広域連合体に委ねることになり、「広域化の義務化」ともいえる動きが出てきた。

　具体的には、ノートル法の第64条と第66条において、CGCTが規定する都市圏共同体とコミューン共同体の義務事業と任意事業（都市圏共同体はL5216-5条、コミューン共同体はL5214-16条に規定）を見直し、従来任意とされていた水道と下水道（浄化槽を含む衛生事業全般）について、これら広域連合体が義務的に事業主体と構成されるものとなるように改めたのである。

　フランスではほぼ全てのコミューンが、メトロポールからコミューン共同体までの、いずれかの広域連合体に加盟している状態に既になっており、都市圏共同体とコミューン共同体の域内に居住している人口はフランスの全人口の過半数を占めている。そのため、都市圏共

同体とコミューン共同体での権限移行の義務化という、ノートル法の影響は大きい。なお、水道と下水道を比べると、下水道では、2015年時点で広域連合体が事業主体となっている人口が全体の46％を占めるが、水道では30％に過ぎないことから、水道事業において特に影響が大きいと思われる。

　この権限移行の義務化については、地方の自主的な判断を尊重する観点から、コミューンの首長によって構成されるフランス市長会なども反対を表明する事態となり、結果的に2018年8月の追加の立法措置により、移行期限を一定の場合には延期することができるようになった。具体的には、コミューン共同体において、1／4以上の加盟コミューンが反対する場合には、2026年までに移行期限を後ろ倒しにできる。

　また、既存の事務組合については、2つ以上の広域連合体にまたがる広域的な事務組合に限って存続可能とされている。さらに、例外的に、パリ市および同市周辺は、広域連合体としてはメトロポール・デュ・グラン・パリ（Métropole du Grand Paris）というメトロポールを構成しているが、上下水道事業はパリ市域、パリ市周辺部の複数の事務組合（イル・ド・フランス水組合（SEDIF）、ジュンヌビリエ半島水組合（Syndicat des Eaux de la Presqu'île de Gennevilliers（SEPG））等に権限が分散している。

　フランスでは広域連合体の最小規模が1.5万人であることから、事業の人口規模としては日本と比べても小規模な事業体も多い状況は大きくは変わらないと考えられるが、法的な強制力を伴う形で広域化を推進するという動きがあること、そして、最小でも1.5万人という形で広域化の最低目標人口規模が具体的に示されていることは広域化促進のための政策として示唆に富んでいると考える。

コ ラ ム　広域化の意義を住民にどのように説明しているか

　フランス南東部のケルシー・ルエルグ・エ・ゴルジュ・ド・ラヴェロンコミューン共同体（Communauté de Communes Quercy Rouergue et Gorges de l'Aveyron）の例から、ノートル法によってコミューンからEPCIに事業主体が移行することについて、その政策的意義を住民にどのように説明をしているのかを共同体のHP上の解説ページ（移行後の2018年12月の記事）の一部を紹介する。ここから見えてくるのは、主にソフト面での経営資源の共通化による経営基盤強化を強く訴える内容である。

Q なぜ事業主体がコミューンから移行するのか？制度改正とはどのようなものなのか？
A 2015年8月7日のノートル法は、水道事業および公共衛生事業（下水道事業および浄化槽事業）の事業主体の権限を都市圏共同体やコミューン共同体に移行することについて、2020年1月1日時点には法的義務となることを定めました。
　政府はさらに2018年8月3日の法律により、本件権限の移行について規定しています。本コミューン共同体では、2017年に水道事業および下水道事業について権限を移行することを議決し、その日付を2018年1月1日と定めました。本コミューン共同体では、浄化槽事業は既に共同体に権限を移行していたため、今回の移行によって、水道事業および公共衛生事業全体で人員や経営資源を共有できる状態となりました。

Q なぜこの事業主体の権限移行がコミューン共同体にとって有益なのでしょうか？また、市民にとっての利点は何でしょうか？
A 法律で定められた枠組みの上では、法的権限が移行する、と

いうものですが、この移行の理由と利点は複数あります。

　まず、人材など経営資源を集約化することができます。これにより、規模の経済を働かせて、投資規模も大きくすることができます（各種施設の建設プロジェクトなど）。

　また、もう1つは、コミューン間の協力の強化が図られるという点です。1997年にコミューン共同体を組成して以来、既にいくつか権限を当共同体に移行してきました。

　そして最後に、効率的で分かりやすい1つの水道・衛生サービスの創設が可能になるという点です。とりわけ、水という貴重な資源について、身近で品質が確保された公共サービスを提供し続けるということが、この権限移行の目的です。

広域化・共同化を目指す手法としての官民連携

近畿大学　経営学部教授　浦上拓也

■ 略 歴

平成13年3月神戸大学大学院経営学研究科修了、経営学博士。大阪府立産業開発研究所、近畿大学商経学部（当時）、英国クランフィールド大学、英国アストン大学で研究員、講師を務めた後、平成25年4月から近畿大学経営学部教授。現在は英国ラフバラー大学経営経済学部にて客員研究員として活躍中。国や地方公共団体の審議会、委員会の委員を多数務める。

人口減少への対応策

——本格的な人口減少社会に突入し、国内の上下水道事業をめぐる状況は厳しさを増しています。

　人が減るという認識は誰もが持ちつつも、それが自らの事業にどういう影響を及ぼすのかという危機感にはつながっていないように思います。人が減ることが結果的に水道、下水道にどう影響していくのか、理解してもらうことが重要ですし、注意喚起を促していかなくて

はなりません。

　今はまだ緩やかな減少傾向ですが、今後一気に加速していくことは明らかです。多くの事業体では、人が増え続けることを前提とした料金体系である逓増制を採用し、従量料金で費用の大半を回収しています。人口減少の影響をもろに受けるわけです。収入が先細れば、新規投資などに資金を回す余力がなくなります。多発する自然災害への対応や増大する老朽化施設の改築・更新など水が抱えるリスクへの対応がおざなりになり、その影響が顕在化してくるでしょう。

　こうした困難な時代をいかにたくましく生き抜くかが求められているのに、水の現場を担う市町村には余力がありません。行政改革の名の下、効率化という呪縛に市町村がとらわれた結果、年々組織単位は縮小され、次々と業務の民間委託が進みました。コスト縮減という実が得られた一方で、上下水道事業に関わる市町村の組織力は失われてしまいました。

　それでも人口減少の影響が緩やかで、組織体制も比較的しっかりとしている大都市部は、まだ大丈夫でしょう。問題は中小規模の市町村です。既に小さなまちでは、上下水道はおろか、他のインフラまでを一人の職員で管理する事例が珍しくありません。比喩ではなく、このまま突き進めば、潰れるしかない団体が相当数存在するのです。

——国では広域化・共同化を打ち出し、人口減少社会に向き合おうとしています。

　市町村を基礎単位とする既存の制度設計そのものに限界が来ています。特に公務員制度の下では、職員を採用するにしても、機動性は民間企業に比べてかなり劣ります。その中では、行政の枠を超えた広域化・共同化を果たし、独立した組織として上下水道事業を運営していく手法は有効な手段だと考えます。

　ただ国と現場を預かる市町村との間には、危機意識に大きなギャッ

プがあるように思えます。国は支援制度の創設やガイドラインの整備など、あの手この手で市町村に働きかけを行っていますが、具体の行動が伴っている事例は数えるほどです。国の思いが市町村に届いていないのです。

　もちろん市町村側も程度の差はあれ、現状に対する危機意識はあるでしょう。ただ組織力が失われた中、既に日常業務で手一杯なのに、更新投資や料金・使用料の改定など取り組むべき課題を見る余裕はとてもありません。

――広域化・共同化を前へと進めるためには何が求められているのでしょうか。

　一つは地域を牽引するリーダーの存在です。県内一水道を志向する香川県や、垂直統合を果たした岩手中部水道企業団など、広域化・共同化の好事例と言われる団体には必ず、組織を組織たらしめ、決めたことを前へと進める「高度なマネジメント」を担える人材がいます。

　既に各地で広域化・共同化を検討する会合は多く開かれていますが、前に進めるエンジンを持った人がいなければ絵に描いた餅のまま終わってしまいます。特に、水は地域に根差した経営形態が望まれます。こうした高度なマネジメント力を持ち、地域を熟知した人材を、システマティックに全国に配置する仕組みをつくり上げられるかがポイントとなるでしょう。

――広域化・共同化を果たすことで得られるコストメリットを定量化できれば、各地での合意形成が図りやすいのではないでしょうか。

　広域化・共同化はコストメリットの文脈で語られることが多いですが、定量的に「これだけ効果があります」と示すことは難しいものがあります。特に広域化・共同化の取組み開始当初は、一時的にコストが上昇する傾向にあります。長い目で見れば明らかにコストメリットは発現すると考えられますが、むしろ私は広域化・共同化の最大の利

点は組織力の強化にあると考えます。

　公営企業は、管理者を設置し、市町村の一般部局とは独立した組織として人事を回すことで専門的な人材を育成していくことが求められるはずなのに、多くの団体では一般部局との境目が非常にあやふやです。公営企業であって、公営企業でないのです。住民も役所の一部門という意識しかないでしょう。

　広域化・共同化を果たすことで、それまで市町村の一部門だった水道、下水道が独立した組織として成立することができます。岩手中部水道企業団では、企業団形態へと移行したことで職員に「この組織で生きていく」という責任感が芽生えたそうです。市町村の枠を飛び出し、企業体として責任をもって、将来の人材を確保、育成する仕組みを構築することが必要ではないでしょうか。

　中国・北京市では、水道事業を行政から独立した国営企業が担っていました。その企業の職員は、自腹で中国で一番の大学にMBAを取得に学びに出ているそうです。職員の方には自分の能力を高めたいという気持ちはもちろん、得た知識を企業に還元したいという思いがありました。経済的に勢いのある中国の事例ですから、全てが日本の参考になるわけではありませんが、それでも、今の日本に自ら学び、その知識を自らのまちの水事業へと還元するという志を持った職員はどれだけいるのでしょうか。

諸外国での広域化・共同化

――フランスでは、上下水道事業の広域化・共同化を法律で義務付けました。

　上下水道事業に関わらず欧州では、国が大きな力をもって事業の枠組みを変えていくことが潮流になっています。しかし地方分権を重ん

じる日本の考え方に必ずしもマッチするとは思えません。

　フランスの場合は、コミューン単位で導入していた官民連携の枠組みをうまく活かすことができたからこそ、広域化・共同化を義務付けることができたのだと思います。

──官民連携という点では、イギリスは完全民営化を果たしていますが、研究者の間ではどのような評価となっているのでしょうか。

　イギリスでは、10の上下水道事業会社、12の水道事業会社による水の完全民営化に踏み切りました。規制官庁であるOfwat（Office of water）まで設置し、競争のための仕組みを構築しました。個人的には行き過ぎた競争政策だと感じますし、現地の研究者もあまり良い顔をしませんが、完全民営化前と比較しても上下水道料金の上がり幅に大きな差はなく、一定程度成功したとみて良いのでしょう。

　ただ地震に襲われることがないため、企業は古い管を更新することなく使用していますし、水道管内の水圧が低いため問題にならないだけで、漏水率も日本とは比べ物にならないくらい悪い。日本で同じことは再現できないでしょう。

──日本においても、官民連携は、広域化・共同化と並び立つ重要政策テーマとなっています。

　それぞれの国の社会・経済・歴史・気候・価値観に基づき、合意形成ができる範囲で水の制度は設計されています。海外の事例を直接持ち込むのではなく、日本にあった水の仕組みを考えていくべきです。

　日本の上下水道は、世界的にも高いレベルの品質を誇っています。人は一度得たサービス水準を下げることに抵抗を感じます。国民に対して、今のサービス水準を維持するため料金を上げるか、サービス水準を低下させる代わりに料金を下げるかと問えば、明らかに前者を選ぶでしょう。現状の水準を維持していくためには、完全民営化は不可能にしても、民間の力を借りないことには、今後の日本の水は成り立

ちません。

　私は、水事業を将来へと維持できるのであれば運営主体は官であれ、民であれ、どちらでもよいと考えますが、ただ日本の場合、特に上下水道事業については民間企業が経営することに、強いアレルギー反応があることは、先の水道法改正の議論を振り返っても明らかです。下水道事業でコンセッション方式を導入した浜松市では、水道事業への導入について一時凍結せざるを得ない状況に追い込まれています。

── （株）水みらい広島のように、官民共同出資の株式会社が事業を担う事例が出てきています。

　既に民営が主流となり、うまく経営もできているガス事業では、仮に既存の公営ガス事業の経営を民間企業に委ねたとしても、住民の合意形成はしやすいでしょう。水も同様に民による好事例ができあがれば、自然と民間事業者が担うことに対するアレルギー反応は薄れていくのかもしれません。

　ただ日本の場合は、現状でそこまで至っていません。その中で、先の水道法改正では都道府県の役割を強化することで、乗り切ろうとしています。実際どこまで効力が働くかは未知数ですが、市町村の枠を超えるという点では一歩踏み出したように思います。

──ありがとうございました。

（令和元年8月に収録）

第6部　官民連携

第1章　フランスにおける官民連携の仕組み

1. フランスにおける官民連携手法

　フランスでは第5部で述べたとおり、コミューンまたはEPCIはその運営手法を自由に選択できることとされており、コミューンや事務組合・広域連合体などによる運営、コミューンが設立するEPICと呼ばれる日本で言う地方独立行政法人による運営、DSPによる運営管理などの民間活用と様々な選択肢がある。どの運営方法を活用しても事業主体はコミューンまたはEPCIであり、コミューンやEPCIが資産を

▌図6-1　フランスにおける官民連携による事業運営方式

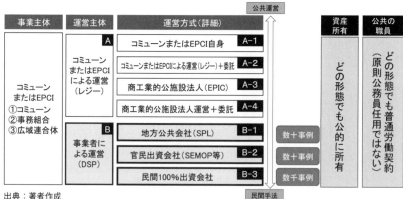

出典：著者作成

所有し、最終責任も負っていることは留意すべき点である。

　また、日本では一般的に「直営」というと、地方公共団体が民間委託を行わずに事業を運営していることを指す。しかし、フランスでは、日本の包括的民間委託に当たるような委託を行っていたり、EPICに運営させている場合でも、運営の責任は公的主体に残っているという観点から、直営的な捉え方をしている。こうした直営的手法をレジー（Régie）と呼ぶ。DSPによる運営が、レジーの対となる。このような考え方は後述の再公営化を考えるときにも重要になる。

（ア）DSP（「公共サービスの委任」）とは

　フランスでは19世紀以降、水道や鉄道分野等において民間事業者への委託が本格化し、伝統的に様々な官民連携手法が存在してきた。公共調達以外の官民連携の代表的な手法として、DSP、すなわち「公共サービスの委任」（Délégation de service public）と呼ばれる委託形式が広く活用されている。DSPは、公共事業の一部もしくは大部分について、施設所有権をコミューンまたはEPCIが有したまま民間事業者へ事業運営のリスク移転とともに委託する形式であり、日本における公共施設等運営権制度（コンセッション方式）と類似の概念である。

　DSPは、古くから用いられてきた手法であるが、官公庁契約における入札手続きの透明性や競争性確保を目的として1993年に制定された、通称サパン法[22]と呼ばれる法令において、様々な規則の枠組みが整理された。

　その後、2014年のEU指令の中で、公共サービスの委任に関する枠組みが「コンセッション契約」という概念で包括的に規定されたことを受け、2016年からはフランスにおいてもDSPは新たに同年1月29日付オルドナンス（2016-65）において、「コンセッション契約」という

22　汚職の防止ならびに経済生活と公的手続における透明性に関する法律

用語で規定されることに変更された[23]。

　この結果、フランスでは、「コンセッション契約」は、公共サービスの委任という枠組みの中で整理されており、「公共調達」とは区別されている。DSPと公共調達との違いは判例により示されており、ある業務に関する契約がDSPとされるための基本的な要件は、事業者がサービス提供の成果に連動した報酬を受け取ること、すなわち、原則として利用者から料金を収入として収受することである。つまり、事業者は業務に必要となった費用を料金収入から回収する（＝収入変動リスクを負う）こととなる。

　DSPの特徴には、①一般的な公共部門による調達の枠外であり、事業者の選定において発注者は提案者と自由に交渉を重ねられる、②基本的に委託は性能発注で行われ、かつ長期間（上下水道は最長20年間）に渡って業務を委託することが可能である、ということが挙げられる。

　公共調達法典において、「コンセッション契約」は表6-2の公共調達

■表6-1　公共サービスの委任と公共調達の違い

項目	公共サービスの委任（DSP）	公共調達
対価の支払方法	サービスの利用者から直接または発注者経由	発注者
対価の決定方法	利用者へのサービス提供実績に連動する	サービス提供実績と連動しない
発注方法	性能発注	仕様発注
調達方法	発注者と提案者の間で自由な交渉が可能	原則的には、交渉せず総合評価方式で決定
備考	・事業者が投資も行うものがコンセッション、維持管理、更新のみを行うものがアフェルマージュと呼ぶが、峻別する法的な定義はなく、契約、税制などに差はない ・DSPであっても受託者に強制徴収などの権限は生じない	当然、強制徴収等の権限は無いものと考えられる

出典：著者作成

23　2019年4月1日に公共調達法典（Code de la commande publique）が制定、施行され、2016年オルドナンスは全体が削除された。オルドナンスに規定されていた内容は公共調達法典に移行されている。

┃表6-2　公共調達法典における定義

公共調達法典　L1121-1条
　コンセッション契約とは、契約により、この法律に従い、発注機関が、施設整備またはサービスの管理の実施を単一または複数の経済的運営者に委ねるものである。当該経済的運営者へは、契約に従って施設整備またはサービス運営の権利が与えられ、または価格に関する権利が与えられるとともに、当該施設整備またはサービスの運営に関するリスクが移転される。
　受託者に移転されるリスクの程度は、市場リスクへ明確にさらされることを示すものでなくてはならず、受託者が負う可能性のある損失は、単に名目的または無視しうるものであってはならない。受託者に施設整備や運営において生じる投資や運営コストの回収は保証されず、通常の運営条件である限り、運営リスクを負う。

出典：公共調達法典

法典の引用に示すように定義されている。

　法典の中で受託者たる民間へのリスクの移転が明記されている。これは、日本のPFI法第2条第6項において、公共施設等の運用等を行い、利用料金を自らの収入として収受するものという規定をしていることと比べても、「リスク移転」という観点を重視しており、特徴的である。

　詳細は後述するが、フランスにおいてはDSPの詳細な契約形態に応じた分類の名称として主に「コンセッション」と「アフェルマージュ」という用語を伝統的に用いていた。公的に規定された「コンセッション」という用語と、伝統的に用いられてきたDSPの一形態である「コンセッション」が混在して用いられている点には注意が必要である。

　フランスにおいては、今日でも「公共サービスの委任」を指す場合には、DSPという用語を用い、また、DSPの契約形態の一分類を指す場合に「コンセッション」という用語を使用することが一般的であることから、本書においても、「公共サービスの委任」を表す場合、フランスにおいて一般的に用いられているDSPという用語を使用することとする。

（イ）DSPの分類

　DSP形態の詳細な分類定義については、法令上明確なものはない。しかし、過去の判例の蓄積の中で確立してきた、コンセッションやアフェルマージュといった整理が広く一般に言及されている。近年では先述のとおり、法令上はコンセッションという用語に統一されたが、実務上は、フランスの国会における内務省の回答記録などから、アフェルマージュという概念も存在し続けていることが分かる。

　アフェルマージュは運営および維持管理事業を中心に既存施設の更新投資も民間事業者に委託する一方、コンセッションは新規または大規模な設備投資も民間事業者に委託する点が異なる。

▎表6-3　DSPの分類名とその特徴

分類名称	特徴
コンセッション （Concession）	民間事業者の事業内容に建設投資を含み、主に利用者からの料金収入で経費回収する。
アフェルマージュ （Affermage）	民間事業者の事業内容に初期投資は含まず、大規模な建設投資も含まない。主に利用者からの料金収入で経費回収する。
レジーアンテレッセ （Régie intéressée）	公共が業務対価を民間事業者に支払うが、その支払いは民間事業者の業務成果に連動する方式。個々の契約条件に応じ、判例に基づきDSPとされるケースとそうではないケースがある。
ジェランス （Gerance）	公共が一定の業務対価を民間事業者に支払う形式。契約条件によってはDSPに区分されないケースもある。

出典：CLAIR 平成16年度海外比較調査「自治体業務のアウトソーシング」等

▎図6-2　コンセッションとアフェルマージュの事業スキームイメージ

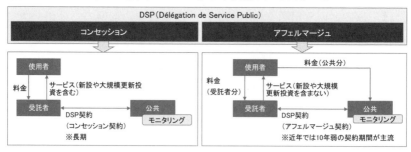

出典：著者作成

　その他にも、業務成果に支払いが連動するレジーアンテレッセ、公共が業務対価を民間事業者に支払うジェランスといった形式もDSPの一種と認識されている。各分類の特徴は表6-3および図6-2に示すとおりである。

　アフェルマージュとコンセッションの特徴をみると、図6-2のとおりだが、特に上下水道事業での採用件数が多いアフェルマージュの特徴をみると、アフェルマージュは機械電気設備の更新工事付きの長期包括委託ともいえるものであり、需要に連動した収入を民間事業者が、主に契約上設定された式に従った料金按分の形で得ている。つまり、民間事業者に料金決定権は無く、民間事業者の意思決定のみで料金値上げはできない。このような特徴は、日本ではコンセッションと呼ばれる、浜松市公共下水道終末処理場（西遠処理区）運営事業や、宮城県上工下水一体官民連携運営事業と共通しており、日本ではコンセッションと呼ばれる事業も、フランスではアフェルマージュとして扱われると考えられる。

（ウ）その他の官民連携手法

　先述のDSPという官民連携手法以外にも、2004年にはイギリスにおけるPFI手法に倣って「官民協働契約」、（Contrat de partenariat、CP）と呼ばれる形式が導入された。CPとDSPの主な違いは、DSPは主としてサービス対価を利用者から直接回収するのに対し、CPは公共からの延べ払いにより対価が支払われる点である。CPは日本におけるサービス購入型PFIと同様といえる。その他、行政財産賃借権（Bail Emphytéotique Administratif）といった長期リース契約を利用した委託手法等、様々な官民連携の仕組みが存在している。

2.　フランスの上下水道事業における官民連携の件数等

　ONEMAのHP上にある2009年以降のレポートを確認すると、水道事業における官民連携の活用状況は、事業数ベースではレジーが69％、DSPが31％となっており、レジーの方が多い。一方、サービス対象人口でみると、DSPが59％でレジーの41％よりも多くなっている。つまり、大規模な水道事業体ではコンセッションやアフェルマージュなどのDSPが積極的に活用されており、小規模な水道事業体ではレジーが主流となっていることが分かる。また、水道事業におけるレジーとDSPの活用状況の傾向は2009年以降ほぼ安定している。

▌図6-3　フランスの水道事業におけるレジー・DSPの活用状況の推移（2009
　　　　　～2015年）

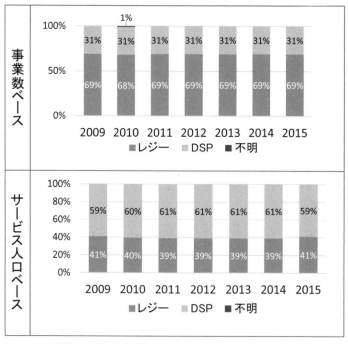

出典：厚生労働省資料を基に著者作成

┃図6-4　フランスの下水道事業におけるDSPの件数割合

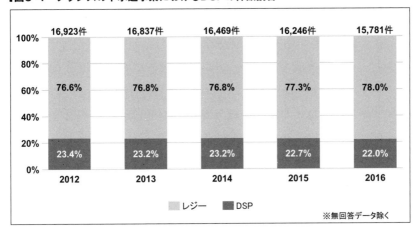

出典：SISPEAデータベースに基づき作成

┃図6-5　フランスの下水道事業におけるレジーとDSPによる事業のサービス人口割合

出典：SISPEAデータベースに基づき作成

　水道事業における事業方式の詳細をSISPEAのデータベースに登録された個票データから確認すると、2015年においてコンセッションは67事業、アフェルマージュは3,431事業で採用されている。サービス

対象人口でもコンセッションが約362万人、アフェルマージュが2,646万人となっており、DSPにおいては、そのほとんどをアフェルマージュ方式が占めていることが分かる。

　一方、下水道事業では、レジーによる運営の方が主流となっている。フランスの下水道事業におけるDSP事業の件数とレジーの件数の割合を見ると、DSPが2016年度で全体（1万5,781件）の22％と少数である。サービス対象人口で各形態を比較すると、DSPが41％程度であることから、水道事業と同様に、下水道事業でも大規模事業において官民連携が活用されている、といえる。

3. レジーとDSPにおける料金単価

　フランス生物多様性庁のレポートに、レジーとDSPでの上下水道料金の平均値の比較グラフが掲載されている（図6-6）。これによると、2015年時点での上下水道料金では、DSPの方がレジーよりも0.33ユーロ/m^{3}高いことが分かる。ただし、事業内容が複雑で処理コストが高い施設を、DSP事業を活用することで民間事業者に担わせているケースがあるなど、高いには高いなりの理由があるとされている。

　なお、DSP契約書には、民間事業者の取り分となる料金単価と、料金への物価水準反映のための算定公式が

■図6-6　レジーとDSPの水道料金・下水道使用料の比較

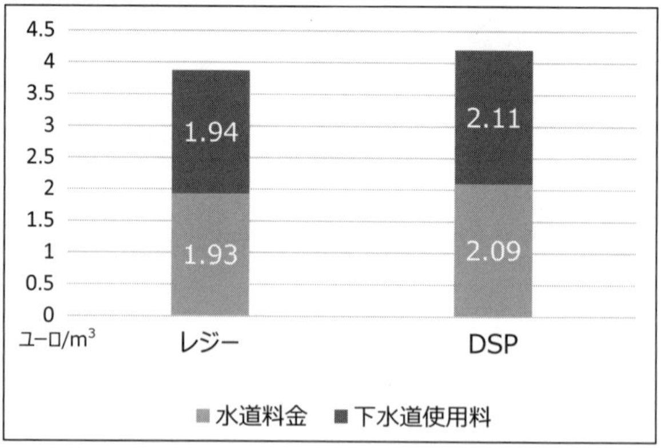

（レジー：水道料金 1.93、下水道使用料 1.94　DSP：水道料金 2.09、下水道使用料 2.11　単位：ユーロ/m^3）

■水道料金　■下水道使用料

出典：フランス生物多様性庁（2018）

▌図6-7　公共と民間事業者における上下水道料金の推移（1994年の料金を100とした場合の数値）

 水道事業者全体の上下水道料金　　 民間運営の上下水道料金

注：毎年7月1日時点での年間120㎥使用する一般家庭における年間水道料金の平均値で、料金には
　　水道、下水道、全ての税金・賦課金等を含む。
　　水道事業者全体の料金は毎年7月1日の公営・民間運営の全ての料金の平均値を示す。
　　民営の上下水道料金は、FP2Eの会員である民営水道事業者の上下水道料金の平均値を示す。

出典：FP2E、BIPE（2012）

定まっていて、民間事業者に料金変更裁量はないのが一般的である。

　また、図6-7では、1994年を100としたときのレジーと民間事業者による運営の料金の推移を示している。レジーとDSP事業全体の平均水道料金（INSEE価格）の上昇率は1994〜2009年で57.6％である一方、FP2Eに加盟する民間水道事業者が実施している事業の平均水道料金（FP2E価格）は同期間で50.5％の上昇となっており、上昇率は民間水道事業者の方が低い（指数化しているため、価格の実額は必ずしも民間事業者が実施する方が低いわけではない）。

4.　上下水道事業の官民連携の歴史

　第2部でも述べたが、フランスで最初に設立された民間水道企業は1778年にパリ市で設立されたパリ水道会社（la Compagnie des Eaux de Paris）である。

　フランスの現在の大規模な民間水道企業としては、ヴェオリア社、スエズ（Suez）社、ソー社（SAUR）などが存在する。

　ヴェオリア社は、1853年にジェネラル・デゾー社として設立された。同社は1853年にリヨン（Lyon）市において水道整備を行うために99年間のコンセッション契約を締結している。

　1860年7月には、50年間のコンセッション契約がパリ市とジェネラル・デゾー社との間で締結された。この契約は厳密には、レジーアンテレッセと呼ばれる種類の契約であり、ジェネラル・デゾー社は、「営業関係サービス」をパリ市に提供し、その責任を負った。具体的には、パリ市の水道利用者の応対をし、水道サービスの普及のための新規で水道の使用を開始する市民への対応を行うとともに、請求書発行や料金回収といった業務を行うものであった。ジェネラル・デゾー社は、毎週、収受した料金をパリ市（1968年からは行政制度の変更によりセーヌ県）に納入した。

　ジェネラル・デゾー社の収入はパリ市から支払われる固定部分と変動部分によって構成されていた。変動部分の仕組みとしては、給水収益が年間で360万フラン（当時）を超えた場合、超過部分の1／4に相当する額を報酬として受け取ることができるという契約であった。そのため、ジェネラル・デゾー社にとっては、水道の新規使用希望者に対する給水開始業務を行うとともに、料金回収の未収受を減らすほど、増収になるというインセンティブが働く仕組みとなっていた。

　この契約におけるジェネラル・デゾー社の存在は、料金の収受事務

代行の役割を超えて、水道の供給量の増加をもたらした需要開拓者で
もあり、さらには、しばしば当時の水道の品質に不満を覚えていた水
道利用者の対応を行うことで利用者と市の間の緩衝材的な役割も果た
していたと評価されている。このように、需要面や顧客サービス量の
変動の面でリスクを負いながら、民間事業者に業務を行わせていたと
いう点で、「契約を通じたリスクの民間事業者への移転」を重んじる
コンセッションの原点とも言える要素が160年前の契約にも見られた
のである。

　スエズ社は、1880年にリヨン水道街灯会社（Société Lyonnaise des
Eaux et d'Éclairage）として設立され、1884年にトゥーロン（Toulon）
市、1892年にダンケルク（Dunquerke）市、1906年にボルドー（Bordeaux）
市などで水道コンセッション事業を受注した。

　日本では、ほぼ同時期の1890年に現在の横浜市のエリアにおいて公
営としての近代水道事業が始まっていることから、日本の水道の歴史
と同じ長さの水道官民連携の歴史があると言えるだろう。

5．フランスにおける官民連携の特徴

（ア）事業期間

　フランスの上下水道に関するDSPの事業期間は、原則20年間が上限
であると公共調達法典において、規定されている。かつては、コン
セッション方式で30年間などの長期間を対象としたDSPも実施されて
いたが、最近は8〜15年間程度の事業期間設定が主流となっている。

（イ）モニタリング

　官民連携事業を適切に履行するためには、定期的に受託者の事業実
施状況を地方公共団体が確認するいわゆる「モニタリング」が重要と
なる。日本においても従来型PFIやコンセッション方式PFIを実施す

る際はその重要性が認識されており、各種ガイドラインにも記載されている。

　フランスのDSPの場合は、公共調達法典により、DSP事業者から発注者への、モニタリングのための報告書提出が法制化されている。報告書は毎年度、作成することが義務付けられており、内容は、財務内容、建設工事またはサービスの品質に関する分析を含めることとされている。契約の性能に関する全ての運営を示す財務内容および建設工事またはサービスの品質に関する分析を網羅する報告書の提出が求められている。

（ウ）地域公共サービス諮問委員会（CCSPL）

　ある一定規模を超える大きさのコミューンまたはEPCIは、住民代表などを含む地域公共サービス諮問委員会（CCSPL）の設立が義務付けられており、この委員会が、上下水道サービスの品質やDSPに関するモニタリングを含め、様々な活動を行っている。

　CCSPLは、コミューンまたはEPCIの長などを委員長として、構成員には、比例代表の原則に従って指名された議会または審議機関の議員、議会および審議機関により任命された地元の組織代表が含まれる。

　このCCSPLが議論する内容もCGCTで規定されており、DSPなどの事業実施の意思決定前に、妥当性の確認について検討を行うことや、DSP受託者が提出する年次報告書の内容確認を行い、答申することになっている。

（エ）官民共同出資会社「SEMOP」制度の構築

　フランスでは2014年の法改正（Law No. 2014-744）により、単一目的のための官民共同出資会社であるSEMOP（Société Economique Mixture à opération unique）の設立とDSPによるSEMOPへの委託が

可能となった。

　SEMOPは、単一の契約に対して設立が可能な官民共同出資会社である。CGCT L1541-1条により、公共の出資は34〜85％の範囲、民間事業者の出資は全ての出資者が最低15％以上保有することが義務付けられている。また、当該契約の終了時に自動的に会社を解散することが義務付けられており、株主総会または取締役会の会長は地方公共団体またはEPCIの代表者が就任することとされている。

　企業は自動的に解散が義務付けられているものの、フランスでは労働法典の規定により、労働者保護の観点から職員を後継民間事業者へ承継することが法的に担保されている。そのため、上下水道事業に関するノウハウを持つ職員の技術やノウハウが会社解散によって直ちに無くなるというものではない。この点は、日本とは異なっている。

　日本の官民共同出資会社（いわゆる第3セクター）と比較すると、SEMOPは事業実施が有期の契約に基づいていること、期間終了時に会社の解散が義務付けられていること、出資比率に制限があることなどが特徴である。

（オ）公共100％出資会社「地方公共会社（SPL）」へのDSP

　SEMOP以外に地方公共会社（SPL、Société publique locale）へDSPにより事業運営を委ねることも可能である。地方公共会社は少なくとも2つの地方公共団体により設立される公共100％共同出資会社であり、2010年5月の法改正で設立可能になった。なお、これ以前は公共100％出資の形態は制度化されていなかった。

第2章　水メジャーとは何か

1. フランス水メジャーの概要

　国内外で上下水道事業を実施し、世界でも最大級の規模を誇るいわゆる「水メジャー」は、フランスではヴェオリア社とスエズ社の2社が存在する。ヴェオリア社は、1853年にジェネラル・デゾー社として設立された。一方、スエズ社は1880年にリヨン水道街灯会社として設立されたのは先述のとおりである。

　両社は設立以来、上下水道事業をフランス国内外で受託運営しながら、現在では水分野だけで全世界において、それぞれ1兆円規模の巨大な売上を確立している。ヴェオリア社の全世界の官・民需合わせた水関連の年間収益は2018年の決算で約1.3兆円（1ユーロ125円換算）となり、同社の売上の約4割を占めている。また、スエズ社については、開示情報区分の違いから完全に対応する数値が得られないものの、欧州や南米の主に官需の水関連の売上が2018年で約6,000億円、全世界の民需の水関連の売上が約3,000億円と、合計で1兆円に迫る規模である。

　フランスにおける水メジャーの受託状況をみると、上下水道事業での受託契約件数はそれぞれ2,000～3,000件とされている。また、上下水道事業受託会社による団体であるFP2Eと調査会社のBIPEが発表した2013年のレポートによると、サービス人口ベースでみて、民間事業者が運営しているとされる事業のうち、上下水道では、スエズ社とヴェオリア社の2社で約8割のシェアがある。なお、残りのシェアのほとんどを第三位の上下水道事業運営企業であるソー社が受託している。

▌図6-8　フランス国内の上下水道DSP各社のシェア（2013年、サービス人口ベース）

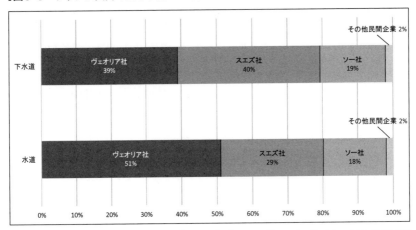

出典：BIPE Public Water and Wastewater Services in France - Economic, Social and Environmental
Dataを基に地方公共団体による運営を除いて再計算

（ア）ヴェオリア社（Veolia Environnement）

　ヴェオリア社は、1853年に水供給公社として発足したフランスの企業であり、1880年に初の海外展開、1980年頃に関連企業を買収して成長してきた。現在は上下水道事業、廃棄物事業、エネルギー事業が主な事業であるが、過去には公共交通や通信・メディア事業等も展開していた。

　現在のヴェオリア社の事業分野は、上下水道、廃棄物、エネルギーサービス（発電事業等）の３つに分けられており、2018年度の売上は全体で259億ユーロ、上下水道事業だけで108億ユーロとなっている。ヴェオリア社の従業員は17万人以上（2018年）、世界市場シェア（給水人口ベース）は2012年に11.1％であり、世界最大規模の企業である。

　また、2018年の水道のサービス人口は9,500万人、下水道のサービス人口は6,300万人、運営管理している浄水場が約3,600カ所、下水処理場が約2,700カ所である。日本最大の上下水道施設受託企業が数百

■表6-4　ヴェオリア社の沿革

年	トピック
1853	1853年ナポレオン3世の勅令により、市民へ安全な水を届けるため、ヴェオリア社の前身、ジェネラル・デゾー社が、フランスのパリ市に設立され、世界で初めての民間企業による水道事業をリヨン市から受託
1860	パリ市から50年間の水道供給に関するDSP契約を受託
1880	ベネチア市（イタリア）の水道事業の権利を取得し、初の海外事業に参入
1884	ランス市（フランス）で初めて下水処理に参入
1912	産業用自動車リース子会社（Compagnie Générale d'Entreprises Automobiles）を設立。この子会社が後に廃棄物収集事業へ進出
1980	上下水道分野のエンジニアリング、建設関連子会社を複数事業統合
1998	ヴィヴェンディと社名変更、スペインで第2位の上下水道処理プラント企業FCCの持株会社に資本参加
1999	建設部門、不動産部門を売却し、Vivendi Water（上下水道）、Onyx（廃棄物）、Dalkia（エネルギー）、Connex（公共交通）の4事業会社とする
2000	カナル・プラス、シーグラムとの合併により、ヴィヴェンディ・ユニバーサルが誕生 2000年にヴィヴェンディ・ユニバーサルと商号変更をし、パリ証券取引所・ニューヨーク証券取引所に上場 その後、メディア事業での同業他社との競争が激しく、赤字に転落。経営再建を目的としてメディア事業のヴィヴェンディ・ユニバーサルと環境サービス事業のヴィヴェンディ・エンバイロメントの2社に分社
2002～2003	ヴィヴェベンディ・ユニバーサルの株の大半をゼネラル・エレクトリックへ売却。ヴィヴェベンディ・エンバイロメント社を存続会社として再生をめざす 2003年にヴェオリア・アンヴィロヌマン社（Veolia Environnement）に社名変更
2011	公共交通部門子会社ヴェオリア・トランスポール社（Veolia Transport）とトランスデヴ社（Trancedev）を合併
2016	ヴェオリア・トランスデヴ社（Veolia Trancedev）を売却

出典：ヴェオリア社HP

カ所規模であることと比較するとその大きさがよく分かる。

　ヴェオリア社の事業展開先は欧州が中心であり、次いでアメリカであるが、その他の地域は全体の1／4程度に留まっている。

（イ）スエズ社（Suez Environnement）

　スエズ社は、フランスの水道供給を行う民間事業者として1880年に設立した。関連企業との合併・買収によって次第に企業規模を拡大し

■表6-5　スエズ社の沿革

年	トピック
1880	水道供給と街灯事業を行う会社として、リヨネーズ・デ・ゾー社（Lyonnaise des Eaux）設立 カンヌ市（フランス）への水道供給を開始
1919	ソシエテ・アンデュストリエル・デ・トランスポール・オートモビル社（Societe Industrielle des Transports Automobiles（SITA））設立 パリ市での廃棄物回収事業を開始
1939	パリ市での水処理企業としてデグレモン社（Degremont）設立 （1972年にリヨネーズ・デ・ゾー社（Lyonnaise des Eaux）へ吸収
1975	逆浸透膜による海水淡水化プラントをリヤド市（サウジアラビア）で建設
1997	リヨネーズ・デ・ゾー社（Lyonnaise des Eaux）がコンパニー・フィナンシエル・ド・スエズ社（Compagnie Financiere de Suez、スエズ社運河の運営会社）と合併し、スエズ・リヨネーズ・デ・ゾー社（SUEZ Lyonnaise des Eaux）に社名変更
2000	アメリカの上下水道事業者であるユナイテッド・ウォーター社（United water）の株式の67％を取得
2002	上下水道事業と廃棄物事業が統合され、スエズ・アンヴィロヌマン（SUEZ Environnement）グループに
2008	ガス会社であるガス・ド・フランス社（Gaz de France）と合併し、GDFスエズ社（GDF SUEZ）に社名変更 上下水道事業と廃棄物事業はグループ会社のスエズ・アンヴィロヌマン社（SUEZ Environnement）に組織変更

出典：スエズ社HP等

てきた。

　現在、スエズ社の事業分野は上下水道事業と廃棄物事業の2分野で、2018年の売上は全体で173億ユーロ、上下水道事業で95億ユーロと世界第2位。従業員は全体で8万8,775人（2018年時点）である。

（ウ）最近の水メジャーの業務の傾向

　歴史的に、両社ともに、事業領域の大きな拡大や縮小を経験している。かつてはメディア、電気通信や交通など広い分野で事業展開していたが、会社分割や事業譲渡により撤退している。現在ではいずれも主な事業範囲は水関係、廃棄物処理、エネルギーの「環境分野」と呼べる3つの領域にあるといえる。

　近年の業務の傾向として「フランスの水」よりも、海外事業や、水事業以外の廃棄物・エネルギーを重視する傾向も強まっているようだ。例えば、ヴェオリア社の売上の伸び率でみると、フランスにおける伸び率は2017〜2018年は1.6％であったが、フランス以外の欧州では7％、その他の世界全体では4.9％となっている。また、水分野では1年当たり5％以下の売上の伸びであるのに対して、廃棄物処理とエネルギー分野では1年当たり5〜10％弱の売上増加がみられる。

（エ）水メジャーをどう捉えるか

　水メジャーは、水道事業の草創期以来、多数の契約を管理し、フランス国内での事業基盤を持ちながら、近年では、海外での受託型のインフラ運営やユーティリティマネジメントという形でビジネスの幅を広げている。

　水メジャーのビジネスモデルから類推するに、競争原理の中で、様々な文化・風習がある世界各国・各地域で上下水道を運営し、プラント運転やメンテナンス等を行うことで得られる知見の集積（様々な水質における処理方式、トラブル対応経験等）とそれを活用したノウハウ・技術開発、さらには近接産業（廃棄物、エネルギー）のマネジメントとのシナジー効果を発揮していることなどが特長として考えられる。他方、上下水道と密接不可分な要素である、地域密着性、地域産業との関係性、そして持続性という観点では、グローバル化した事業モデルの中で、どのようにして各地域に根差した意思決定を迅速に行っていくかが、その事業特性ゆえに、常に問われている。

（オ）和製水メジャー論

　ここまで一般的に水メジャーと言われるヴェオリア社とスエズ社を見てきた。では、日本において「和製水メジャー」をという議論につ

いては、どう捉えるべきだろうか。和製水メジャーが今後の日本の水
関連事業における官民連携の受け皿や、とりわけ海外進出における有
力なプレーヤーになり得るという議論はかつてから存在している。し
かしながら、そうした民間事業者は、フランスの水メジャーがそうで
あるように、計画・設計から管理まで、国内事業でも幅広い業務・リ
スク対応を経験し、知識の集約と活用、人材確保を含めたしっかりし
た事業基盤、そして日本の上下水道業界を牽引する強いリーダーシッ
プがあることが大前提となるだろう。

　さらに、地方公共団体は官としてのガバナンスを発揮しつつ、民間
のノウハウを引き出せるよう、今よりも業務を包括的に、性能発注で
民間事業者の技術や経営資源を有効活用するという判断が不可欠だ。
地方公共団体自身の責任ある判断として、「市民のために」民間事業
者に任せることがより効率的で持続可能な水事業の実現に資すると決
めるには、まずは慎重な「自己診断」が求められる。このことは、今
後日本でPPPをさらに深化させるための課題とも言える。

　そう考えると、「海外展開・和製水メジャー」という話題の根本は、
日本の上下水道事業体の将来の経営モデルの選択、という意味での
「国内事業経営」まで遡らなければ簡単に実現できない課題ではない
だろうか。日本の上下水道関係者が、国内・海外、産官学の立場を超
えてどのようにして上下水道事業の将来を実現していくのかが問われ
ているといえよう。

第3章　再公営化事例

1. パリ市

　日本における改正水道法に関する国会審議など、水道事業の運営形態に関する議論においても、フランスで上下水道事業が、民間的な運営手法から公的な運営に戻る「再公営化」が主流となっているといった報道等がみられ、とりわけ、パリ市の事例が着目されることが多かった。可能な限り客観的なデータを基に、パリ市水道事業における運営形態の変遷や課題を紹介したい。

　パリ市の水道事業は9万3,000件の契約件数、給水人口220万人の大規模水道事業であり、1984年から実施していたDSP事業が2010年に契約満了を迎えた。2010年以降は地方公共団体から独立した公的な主体

┃図6-9　事業スキーム（再公営化前）

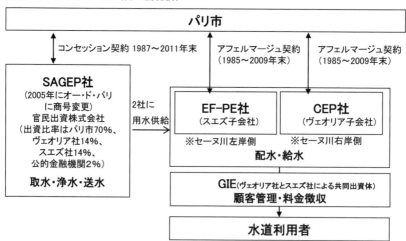

出典：内閣府

（日本の地方独立行政法人に相当）である、商工業的公施設法人であるオー・ド・パリを設立して水道事業を運営している。このように、公的法人による運営に移行した点に着目して、このプロセスはパリ市水道事業の再公営化と呼ばれている。地方公共団体の内部に事業が戻ったというわけではなく、公的な影響力の強い主体が事業を担うようになったという点を捉えて、本書ではこの事例を再公営化事例として扱うこととしたい。

（ア）官民連携事業の導入（1985〜2011年）

　パリ市は1985年以降、水道用水供給事業、配水・給水事業、料金徴収事業についてそれぞれ民間事業者に委託を行った。給配水事業については1985年にセーヌ川の右岸をヴェオリア社の子会社であるCEP社に、セーヌ川の左岸をスエズ社の子会社であるEF-PE社にアフェルマージュ契約で委託を開始した。水道用水供給事業については、官民出資型商法法人（SEM）としてSAGEP社（Société anonyme de gestion des eaux de Paris）をヴェオリア社およびスエズ社等と共同出資（出資比率はパリ市70％・ヴェオリア社14％・スエズ社14％・公的金融機関２％）で設立し、コンセッション契約により委託を開始した。その他、料金収受業務については、GIE[24]と呼ばれる共同出資体を組成可能な制度を活用して、ヴェオリア社とスエズ社が共同で出資をして立ち上げた主体が行っていた。ただし、オー・ド・パリ資料"L'eau à Paris retour vers le public"によると、GIEは2003年に市の要求により解散させられたとのことである。

24　Groupement d'intérêt économique。フランスの会社法における組織形態の１つであり、無限責任の出資者により設立される。（鳥山恭一「フランスの略式株式会社制度」）

（イ）再公営化の経緯

パリ市における水道事業の再公営化は約10年にわたる議論を経ている。その発端となったのが、2001年の選挙によるベルトラン・ドラノエ（Bertrand Delanoë）（社会党）の市長就任である。左派のドラノエ市長の就任後、パリ市が出資する

■図6-10　事業スキーム（再公営化後）

パリ市

主にサービスレベルに関する「目標契約」が締結されており、KPI（約40項目）も設定して業務を管理している

オー・ド・パリ
・法人格はÉtablissement public à caractère industriel et commercial、略称EPICと呼ばれる。
・日本語では商工業的公施設法人と呼ばれ、日本の**地方独立行政法人**に類似。職員は非公務員。
・理事会のトップはパリ市副市長であり、役員の多くはパリ市議会議員。

水道事業全体を運営（一部民間に業務委託）

水道利用者

出典：内閣府

SAGEPの社長にアン・ル・ストラ（Anne Le Strat）パリ市議会議員（当時はヨーロッパ・エコロジー＝緑の党）が就任した。なお、ストラは2008年の市議会議員選挙で、社会党系の候補者名簿から出馬し再選を果たし[25]、その後に水事業担当のパリ市副市長に就任している。そして、2014年までSAGEP、SEMとしてのオー・ド・パリ（SAGEPが2005年に商号変更）および商工業的公施設法人として2009年に新規設立されたオー・ド・パリのトップを継続的に務めていた。

ドラノエ市長は、１期目の任期において、DSP契約の見直しを主張

25　2007年12月のストラへのインタビューでは、緑の党とストラの関係が良好ではないこと、ドラノエ市長から2008年３月の自治体議会選挙に向けてドラノエ陣営の候補者名簿（フランスでは、拘束名簿式比例代表制により自治体議会選挙が行われる）への登載を打診されたこと、水道再公営化をドラノエ市長が公言していなかったら、同陣営の候補者名簿には参加していなかったこと、などが語られている。（フランスの週刊新聞であるLe Journal du Dimancheによるストラへのインタビュー "Le Strat: Les Verts, un parti coupeur de têtes"、2007年12月９日付）

し、2003年には契約内容の見直し（管網更新計画の適正実施や鉛給水管の取替えの徹底等）について、民間事業者と合意に至っている。また、ドラノエ市長は、2008年3月の2期目に挑む選挙に際して、2007年11月に水道事業再公営化を公約として打ち出し、再選された。その後2008年11月にパリ市議会で再公営化に関する議決が可決され、2009年にはEPIC（商工業的公施設法人）としてのオー・ド・パリが新設され、2009年末での既存のアフェルマージュ契約の満了をもって、2010年1月からオー・ド・パリが一元的に水道事業を担うようになった。

　歴史的な経緯はこのようなものだが、重要なのは、DSPからEPICへの移行が再公営化と呼ばれていることであり、決して、水道事業がパリ市役所の内部部署へ移行したわけではない、ということである。図6-1でいうと、事業がB（DSP）からA（レジー）に移ったことが再公営化と表現されるものであり、日本で一般的に想像されるような、「地方公共団体の内部部局での直接運営」に戻ったわけではない。

（ウ）指摘されている再公営化の要因と事実関係

　再公営化の要因については、ストラの論文（Water Policy, 2014）や公表資料等によると以下の点が主張されている。それぞれの点について、その事実関係を整理する。

- 25年間のDSPにより、水道料金が260％に上昇しており、民間2社から開示された業務原価は、実原価に25〜30％のマージンが上乗せされていた。
- 市から民間2社への明確な業務目標水準が提示されていなかった等、事業の透明性に欠けていた。
- SAGEPは民間2社の業務監視の役割も市より任されていたものの、SAGEPの株主にはヴェオリア社およびスエズ社もおり、利

益相反の側面があった。

●水道料金水準の推移について

　先述のとおり、上下水道料金には、水道料金および下水道使用料、公租公課や水管理庁への賦課金の 3 種類の支払いが含まれており、1985年の料金と2009年のパリ市の上下水道料金を比較すると、上下水道料金全体は、3.94倍（0.736〜2.898ユーロ/m^3）となっている。内訳別に比較すると、税や賦課金が6.23倍、下水道使用料が4.48倍に高騰したのに対して、水道料金は2.74倍の増加となっている。下水道は90年代のEU指令の影響等で水質改善のための投資が特に必要となり、付随して賦課金も増加したと言われている。

　さらに、水道料金の中には、末端給水と用水供給の両方の料金が含まれている。その部分を区分すると、用水部分の料金上昇が3.04倍（0.182〜0.553ユーロ/m^3）であるのに対して、それを除いた給配水事業者担当部分は2.46倍となる。

▌図6-11　1985年と2009年のパリ市における上下水道料金の内訳

（ユーロ/㎡）

出典：浜松市上下水道部資料より作成

　これらのことから、水道料金が値上げされたのは事実ではあるものの、他方では、上下水道料金の中で水道料金のみが値上げされたわけではないこと。また、民間2社が担った給配水部分よりも用水供給部分の値上げの方がより顕著であった、ということができる。

●DSP期間中の事業品質の改善や有収水量の減少

　官民連携期間中の施設の状況について、BIPEのレポートによると、水道管路の有収率（配水量に対する有収水量の比率、高いほうが漏水が少ない）の推移が公表されている。パリ市においては、1985年に78.26％であったのに対して、2007年には96.17％となっており、漏水の割合が減少していることが分かる。

　また、配水量と消費量の実水量をみると、いずれも減少していることが分かる。特に消費量は1985年の約2.4億m^{3}から、2007年には1.95億m^{3}と、約2割減少している。このことは、消費量に応じた水道料金で経費を回収するという水道事業の基本的性格を踏まえると、料金値上げにつながる可能性がある要素といえる。また、フランスの上下水道事業の研究者であるベルナール・バラケ（Bernard Barraqué）によると1985～2010年の間に70％のインフレが発生していたという指摘もある。

　このような観点から、DSPを活用していた時代のパリ市において料金値上げの事実があるとしても、その本質はDSP契約を活用し、民間事業者に業務を担わせたから、というわけではないといえる。上下水道事業の高度化するニーズに対応する中で、消費量も減少するという環境下に置かれながら、地方公共団体による経営であっても民間事業者による経営であっても等しく経験をしなければならない事象だったと考えられる。

　また、イル・ド・フランス地域会計検査院のコメントによると、フ

▌図6-12　パリ市における1985〜2007年の水道有収率の推移

出典：Analyse de la performance de la gestion du service de distribution de l'eau à Paris, BIPE 2008

▌図6-13　パリ市における1985〜2007年の水道の消費量と配水量の推移

出典：Analyse de la performance de la gestion du service de distribution de l'eau à Paris, BIPE 2008

ランスでは全国的に上下水道料金の値上げが1990～2000年代に起きていたそうだ。バラケによると、1990～2004年における上下水道料金の国内平均値はそれ以前の倍になり、3ユーロ/m³に達したとしている。2009年時点でのパリ市の上下水道料金は2.898ユーロ/m³であり、値上がりしたとはいえ、パリ市の上下水道料金が国内平均を超過する水準になったわけではないといえる。

　水道施設の状況や料金については、ドラノエ市長の2007年11月の次期選挙公約において、「現状、パリ市の水道は、素晴らしい品質である。複数の水源から必要な水量を確保できており、管路網はよく管理されている。そして、水道料金は全国平均より低い状態を保っている」とされており、事業の品質や料金を大きく問題視するような傾向は見受けられない。

●契約の透明性や事業の監視について

　パリ市における水道DSP契約について、1980年代に締結された契約はコストの詳細を示すような前提に立って設計されておらず、また、ヴェオリア社、スエズ社は子会社が多く、受託企業として自分の会社に委託をする構造があり、このような部分が利益相反的な見方をされてしまっていた。

　また、ストラは、前述のとおり、論文（Water Policy, 2014）においてイル・ド・フランス地域会計検査院報告やパリ市による調査結果等を引用して、財務諸表における完全な財務情報開示の不足や、民間2社から開示された業務原価へ実原価に25～30％のマージンが上乗せされていたといった点を指摘している。

　このようにコスト面で不透明感を与える状況があったことに加えて、ストラの講演資料で「技術的な目標が不在だった」（"Technical objectives absent"）と指摘されているように、民間事業者が果たす

べき要求性能も十分に定義されていなかった可能性がある。この二重に不透明な状況が、民間事業者の実施した業務内容や業務量とそれに要した費用の評価、それらを契約上どの程度料金改定に反映するのかといった点で、適切な管理が難しいスキームとなっていた可能性がある。

　また、経営監視や監督の観点からもいくつかの課題を挙げることができるが、この点については、フランスと日本の法制度面の違いや、時代的な背景も踏まえて理解する必要がある。パリ市がDSP契約を開始した1980年代は、フランスにおけるDSPのガバナンスに関する制度が発展途上の状態にあった。例えば、DSPにおける調達手続や競争性確保を定めたサパン法は1993年、利用者への料金水準や品質に関する情報開示を定めたバルニエ法やマゾー法は1995年にそれぞれ導入された。また、事業の品質や性能に関するPI（事業経営指標）は2007年に制定されている。

　先述のとおり、制度が整っていない段階という状況もあり、パリ市は、民間事業者へのDSP契約を随意契約で発注している。これは、競争を通じてより高い業務品質を民間事業者に提案させ、要求水準においてその確実な履行を民間事業者に求めるという良好な官民連携事業を進めるには、基本的な要素が欠落した事業者選定だったといえる。

●SAGEPへの民間２社からの出資

　また、SAGEPは市の代わりに民間２社の業務を監視する役割を担っていたが、同時にヴェオリア社およびスエズ社から各14％の出資が入っていた。そのため、監視される側の民間事業者が、監視する側のSAGEPの株主でもある点が利益相反的であるとされた。しかし、14％という少数の出資比率ではSAGEPの行動を左右できないことや、当時のフランスでは100％公共が出資して設立する会社の仕組み

がまだ存在していなかった（2010年に法改正で地方公共会社（SPL）制度として導入）こと等を勘案し、SAGEPは民間事業者へ出資を要請していた。

●責任分散化への批判

コストや事業性能に関する透明性、競争性、事業の適切な監視体制の構築という観点からの批判は、多数の主体が関与する複雑なスキームと相まって、パリ市水道事業のDSP契約において明確な課題であった。このことはドラノエ市長の2007年11月の選挙公約でも特に強調されている。

ドラノエ市長は、「我々は、この歴史的な機会、つまり、浄水と配水のDSP契約終了というタイミングを掌握せねばならない。現在の仕組みを特徴づける、『責任分散化』に終止符を打つために。浄水と送水、貯水は本市が出資する第3セクターが運営している。そして、配水は、2つの民間受託業者が実施している。監視や監督の諸機能は、市や第3セクターの間で分断されている」として、当時のパリ市の水道事業の運営の各種機能の分断が「責任分散化」を招いているとして批判している。

そして、「このスキームは、過去の時代から承継したものだ。そして、この仕組みは、ユーザーが、『誰がサービス供給の責任者であるのか』を明快に特定することを許さない仕組みだ。コストコントロールの観点でも、あらゆる経済学的研究によると、この分断化された複数オペレーターの仕組みは、浄水と配水が一体の場合と比べて、生産性向上を妨げる、というものである」として、当時の事業運営状況は、ユーザーの視点でも不透明であり、経済的にも非効率的であることを述べている。

また、ドラノエ市長は、「この2つの課題、つまり、責任所在の明

確化とより競争的な料金設定について、解を示すために、私は、効率性確保に向けた選択、つまり、単一の公的な運営主体にこの浄水から配水までの水循環の全てのサイクルの責任を委ねるということを選択する」新たな水道事業の運営モデルを提示した。

　ここから読み取ることができるのは、水道事業の再公営化を決断した当事者は、「官と民のどちらが良いのか」ではなく、「役割と責任が明確な水道事業運営を確立すること」に主眼を置いていたことである。

（エ）再公営化以降の状況

　オー・ド・パリでは、2011年に水道料金を8％値下げしたが、この後、年間の設備投資額について目標未達が発生した。その点はイル・ド・フランス地域会計検査院の2014年のレポートでも指摘されている。また、当該レポートでは漏水率や無収水率、管路更新率に関する指標値の悪化も指摘されている。

　加えて、同院は、パリ市は地下水も水源として豊富に活用してきたが、農村部での農薬使用の影響等を受け、処理の必要性が出てきている点を指摘している。また、地下の管路網の湿気対策のために使用してきたアスベストについて、今ではその除去コストが必要となっていること等、設備投資の必要性に迫られている[26]とした。さらに、2014年の同院のレポートでは、「近年中にオー・ド・パリは、料金値上げをするか、借入規模を増加させるか、のいずれかの方法での財源調達が必要になるであろう」と発表している。

　また、投資以外にも、オー・ド・パリでは、営業費用も再公営化後に3割程度増加しており、その主な要因は、人件費であると同院が指

26　ただし、パリ市では配水管は、下水道管の構内に設置されており、掘削なしでの点検や修繕等が可能である点が、他の水道事業（埋設管）と比べて、更新の必要性の判断や取替えのコストにおいても有利に働いていると、イル・ド・フランス地域会計検査院などから指摘されている。

摘している。これは、アフェルマージュ契約をしていた民間事業者2
社や旧SAGEPの従業員を、商工業的公施設法人であるオー・ド・パ
リに転籍させる際に、各社の給与体系がそれぞれ異なっていたため、
給与水準を調整した結果、高い水準の会社に合わせた報酬体系が設定
された等の事情により、コストアップにつながったというものであっ
た。

　なお、オー・ド・パリでは、引き続き民間事業者への業務委託
がなされている。例えば、2010年から顧客管理システムについて
は、ヴェオリア社の子会社であり、マルセイユ市などの水道事業を
DSPにより運営しているマルセイユ水道会社（Société des Eaux de
Marseille）が提供する「SOMEI」と呼ばれるシステムを導入している。
また、オー・ド・パリの年次報告書によると、3,000万ユーロの費用
と5年5カ月の期間を投じて、2018年から行われたスマートメーター
の入替えプロジェクトはスエズ社が受注している。

（オ）ドラノエ市長の選挙公約に見る再公営化の目的

　再公営化の主な目的は、「運営手法の最適化と公的コントロールの
強化」であり、民間事業者の全否定、放逐を目的としているわけでは
ないと考えられる点については、それを裏付けるものとして、ドラノ
エ市長の2007年の選挙公約を挙げることができる。

　公約の一部を引用すると、「より合理的な運営（訳注：公営化後の
運営形態）は、市の役割を、事業のコントロールと監督という観点で
強化する。そして、市はパリ市民への水道料金の水準について直接的
に影響を与えることができる。新たな運営主体は、市と向かい合う関
係で、市と一種の契約上の義務を負うだろう。例えば、サービス品質
やコストコントロールについてだ。また、それは、少なくとも次の任
期間の料金の安定の観点も踏まえたものになる。これは、この事業の

性能を保証するための本質的な条件設定かつ、強力な運営上の要求によってなされるものであると考える。そして同時に、民間事業者の能力を必要な限り機動的に活用する方法を理解していることも必要だ。

　具体的には、私は、新たな運営主体には、我が国の水を専門とする民間事業者の技術ノウハウに頼れるようになってほしいのだ。これは、期間限定の専門的な委託、もしくは公共調達を通じて調達される契約かもしれない。例えば、ルーチンのメンテナンスではない、工事業務等だ。これは『パブリック・プライベート・パートナーシップ』への新たなアプローチになるかもしれない。つまり、公的部門が主導権、運営・監督能力を全て手中に収め、民間事業者は特定のテーマでその対応力や専門知見を提供するのだ」と述べている。

コラム　SEDIFにおけるDSPの状況

　SEDIFにおいては、パリ市が再公営化を終えた2011年から12年間のDSP契約をVEDIFと締結している。パリ市が再公営化する一方で、SEDIFでは再公営化は選択せず、DSPを継続している。

　民間事業者が担っている業務は、運転・維持管理および建設改良投資の一部となっている。運転維持管理業務では、VEDIFが1,300人を超える職員で対応をしている（SEDIFの職員数は100人程度である）。

　また、建設改良投資の一部とは、具体的には、施設の機能維持のための更新、メーター関係など顧客に関係するもの、スマートメーターや管路の性能監視システム、「ServO」と呼ばれる統合情報管理システムの整備運用に関することとなっている。SEDIFのアニュアルレポートから、2018年の財務の数値をみる

■図6-14　SEDIFにおけるDSPの概要

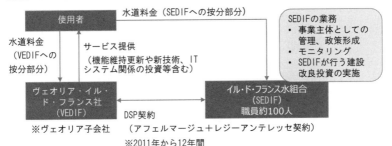

出典：著者作成

と、SEDIF水道事業全体（SEDIFとVEDIFの連結）では約1.3億ユーロの投資が行われているが、うち約1億ユーロはSEDIFが執行している投資金額として計上されており、残りの0.3億ユーロが上記のようなVEDIFの対応する投資に相当する部分と考えられる（年度により比率や額は変動する可能性がある）。

　運転維持管理業務はVEDIFが行っていることから、水道料金収入の按分状況としては、SEDIF水道事業全体（連結）での2018年の水道料金は3.6億ユーロだが、VEDIFに按分される料金収入はそのうちの7割の2.5億ユーロとなり、残りの1.1億ユーロがSEDIFに按分されて事務組合としての収入となる。

　SEDIFの契約形態は、「アフェルマージュかつレジーアンテレッセ」であると言われるが、その具体的な仕組みを説明する。SEDIFとVEDIFは、按分された水道料金収入によってそれぞれ事業を行うが、VEDIFの事業活動によって生じた利益は、業務の性能等の評価に従ってSEDIFから支払われる（実現する）という仕組みが用いられている。収入の2％の利益に相当する額を、確実にVEDIFは手にすることができるが、それ以上の利益については、発生していたとしても、事業経営指標やコスト効率

▌図6-15　SEDIFとVEDIFの仕組み

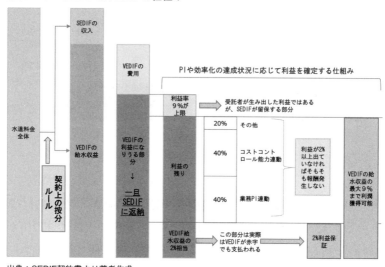

出典：SEDIF契約書より著者作成

化の状況等契約書において定められた指標の充足度合いに応じて
実現することとなる。そのため、実際は7％の利益率で事業を終
えたとしても、指標の達成状況が悪ければ5％分の利益しか実現
しないといったことが生じ得る。また、9％以上の利益が実際に
発生したとしても、SEDIFに留保されるという上限付きとなっ
ている。

　これは、事業経営指標の出来不出来に応じた罰金や報奨金の仕
組みを、よりダイレクトに利益に連動させていると捉えることも
できる。

　また、事業経営指標に連動して利益が変動する部分について
は、サービス運営状況関係で15指標、持続可能な発展関係で19指
標、利用者サービス関係で15指標がそれぞれ設定されており、各
指標の達成状況を点数化するという客観的な数値を用いた評価が
行われている。

▌表6-6　SEDIFとオー・ド・パリの水道料金単価

（1月1日時点）	SEDIF	オー・ド・パリ
2010年	1.734ユーロ	1.225ユーロ
2014年	1.476ユーロ	1.175ユーロ
2017年	1.370ユーロ	1.193ユーロ
2010年から 2017年の変化率	21.0%減少	2.6%減少

出典：イル・ド・フランス地域会計検査院レポート「SYNDICAT DES EAUX D'ÎLE-DE-FRANCE」
　　　（2017）より作成

　SEDIFでは、2011年に新たにDSP契約を更新し、事業者選定
を行った結果、料金を値下げしている。DSP契約の事業者の選定
においては、ヴェオリア社とスエズ社が提案をし、また、事業者
選定時の採点表は100点満点中約25点が料金の提案額に割り当て
られていたとされる。

　こうした競争環境などもあり、SEDIFの水道料金単価は2010
〜2017年で21％値下がりし、同期間のオー・ド・パリの値下が
り率2.6％と比べても大きな値下がりとなっている。料金水準自
体は、SEDIFの方が高いが、これは、元々の原水構成（例えば、
水道水源について、オー・ド・パリは水源のおよそ半分が地下水
であるのに対し、SEDIFはバックアップ水源を除き全て河川水
であり、給水原価がオー・ド・パリよりも高くなる。特に、オワー
ズ川においては原水に農薬が含まれているため、膜による浄水処
理を実施するなど、高度な処理を行っている）や人口密度の違い
といった背景も考慮する必要がある。

　いずれにせよ、重要なことは、公が担うと値下げができ、民が
担うと値上げになるといった単純な構図があるわけではなく、民
に委ねる際にも、競争環境によってより良い事業条件を得ること
ができるということである。

2. グルノーブル市

　1989年にグルノーブル（Grenoble）市は議会での議決に基づき、リ
ヨネーズ・デゾー社（現・スエズ社）の子会社であるフランス南東部
水管理社（Compagnie de Gestion des Eaux du Sud-Est、COGESE）
と25年間の上下水道運営契約を締結した。

　しかし、1994年に検察当局が公共サービスのコンセッションに関す
る汚職調査を行った結果、事業開始前からグルノーブル市長であった
アラン・カリニョン（Alain Carignon）が、グルノーブル市長に再選
された1989年の市長選において、リヨネーズ・デゾー社から選挙運動
支援や資金援助を受けた見返りに上下水道事業運営契約の実施を決定
したとされる事件が発覚し、カリニヨンとリヨネーズ・デゾー社の関
係者が起訴され、裁判で有罪の判決を受けた。

　その後、1995年にグルノーブル市長はカリニヨンから交代し、1996
年には新しくグルノーブル市51％出資、スエズ・リヨネーズ社49％出
資の官民共同出資会社であるソシエテ・デ・ゾー・ド・グルノーブ
ル社（Société des Eaux de Grenoble、SEG）が設立された。しかし、
SEG社はスエズ社100％出資の子会社であるソシエテ・グルノーブロ
ワ・ド・ロー・エ・ド・ラセニスモン社（Société Grenobloise de l'Eau
et de l'Assainissement 、SGEA）へ15年間の再委託を行うなどの動
きがあり、2000年には、民間事業者との間の契約解消と運営形態をレ
ジー（コミューンによる運営）に戻す議決が行われた。

　その結果、2000年5月にはEPICであるレジー・デ・ゾー・ド・グ
ルノーブル社（Régie des Eaux de Grenoble、REG）が設立され、上
下水道事業を実施することとなった。また、2014年1月には、グル
ノーブル＝アルプ・メトロポール（Grenoble-Alpes Métropole）にお
ける49コミューンの水道運営を広域的に実施するため、地方公共会社

(SPL) であるオー・ド・グルノーブル・アルプ社（Eau de Grenoble Alpes）が公共100%出資により設立された。主な出資団体としては、グルノーブル＝アルプ・メトロポールが67%、グルノーブル市20%、グルノーブル圏域における商工業的公施設法人が12%出資している。このように、グルノーブル市では、政治的なスキャンダルや「再公営化」も経験しつつ、状況に応じて運営形態を選択し、変遷してきている。

　なお、2000年に再公営化に至った要因として、汚職事件以外にも、コンセッション実施時の問題点がいくつか挙げられている。問題点は当初契約締結時に適正な競争性のある選定を実施していなかったこと、SEG社時代に運営リスクを一切持たない形で再委託先（スエズ・リヨネーズ社）へ委託を行っていた不透明性等が挙げられる。

　フランスにおいては、近年のDSP制度でも、実務面でも、モニタリングの強化、契約の透明性強化、競争性の確保、委託期間の短期化などの傾向が見られており、本件に限らず、このような事案を教訓として、規制強化に取り組んできたと考えられる。

3. ブレスト・メトロポール

　ブレスト・メトロポール（Brest Métropole）はフランスの北西端に位置する広域連合体であり、人口はメトロポール全体で21万人である。

　同メトロポールは、1987年から25年間、上下水道のDSP契約をヴェオリア社と締結していた。しかし、財務に関する情報の不透明性などが課題となったようで、契約は更新されなかった。

　DSPを更新しないという決定と併せて、ブレスト・メトロポールと他のいくつかのコミューンやEPCIによる地方公共会社であるオー・デュ・ポナン社（Eau du Ponant）が設立された。メトロポールは、同社と99年間のDSP契約を締結し、2012年4月から同社による上下水道事業が開始されている。

　2012年以降の施設の維持管理は、地方公共会社による運営の開始直後からヴェオリア社へ複数年契約で委託しており、2019年からは委託先をスエズ社（３年間で計1,800万ユーロの委託料）に切り替えた。

　ブレスト・メトロポールの事例は、地方公共会社という公共100％出資の株式会社に運営形態を変更したことをもって再公営化ともいえるが、実際の事業運営は民間事業者や契約を活用しながら運営している事業ともいえる。

　また、オー・デュ・ポナン社は、ブレスト・メトロポールの周辺のコミューンやEPCIからの出資も受け入れ、DSPまたは受委託など様々な形態の業務を提供し、広域化の受け皿としての役割も果たしている。

▌図6-16　ブレスト・メトロポールの事業スキーム（再公営化前後）

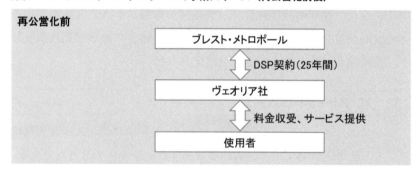

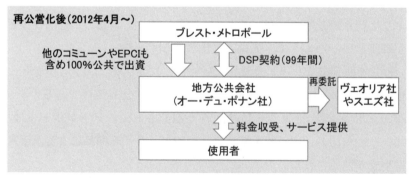

コ ラ ム　　**再公営化をどう捉えるか**

　本書では再公営化事例として、パリ市、グルノーブル市、ブレスト・メトロポールの3つを挙げた。

　再公営化の要因としては、1980年代の制度的背景によるものと、各コミューンやEPCIの状況、契約によるものの両方が存在していた。制度が未整備で契約内容が不十分であったパリ市における要求水準書の不在や事業監視に関する課題等は、今後このようなことがあってはならず、現に近年のフランス国内における制度的な整備で大きく改善されていると思われる。実務面でもモニタリングの強化、契約の透明性強化、競争性の確保などの傾向が見られる。

　また、DSPから再公営化した時点の運営形態であるが、パリ市やグルノーブル市ではEPICや地方公共会社、ブレスト・メトロポールでは地方公共会社となっており、日本でいう純粋な地方公共団体による運営ではない。さらに、グルノーブル市やブレスト・メトロポールの会社は複数のコミューンやEPCIが出資しており、広域化も踏まえた運営形態の選択を行っていたことを紹介した。

　フランスでは、長い官民連携の歴史や様々な制度的課題を基に、EPICによる運営や、地方公共会社による運営、官民連携出資法人による運営など、様々な選択肢が生まれており、近年契約更新が行われている事業ではこれらの多様な選択肢の中から、自らにとって最適と考える運営形態を選択しているといえる。

　一方、日本における上下水道事業は地方公共団体自身（都道府県や市町村の一部局）が運営しているパターンか、民間100％出資法人がコンセッション契約によって運営するかという二者択一で「民営化か公営化か」と報じたり、議論する傾向が見受けられる。

　今後、日本における官民連携事業においても、上下水道事業者の多種多様な課題に応じた幅広い選択肢を用意するための制度整備、各上下水道事業者が各自の経営課題を把握した上で、最適な運営形態について前向きな議論を行うことが求められるのではないだろうか。

第4章　最近の官民連携動向

　最近のDSP活用状況と再公営化の状況を数値で確認しながらフラン
ス全土における官民連携の全体動向を紹介する。フランスの政府機関
であるフランス生物多様性庁（AFB）が、2010〜2015年に、水道事
業、下水道事業、浄化槽事業において、運営形態を変更した事業の数
を集計している。水道事業では、2010〜2015年にレジーからDSPへ移
行した件数は68件であり、DSPからレジーに移行した件数も68件と同
数であった。2015年におけるサービス人口ベースではレジーからDSP
へ移行した事業がDSPからレジーへ移行したサービス人口の約1.8倍
であった。また、下水道事業では、150事業がレジーからDSPに移行
したのに対して、再公営化した事業は80事業だった。

　このように公共から民間へ、民間から公共へという両方の流れが存
在している。また、これら上下水道事業において運営形態を移行した
件数は総事業数に対して１％以下であった。

　先述の多様な運営形態や時代に応じた運営形態の変遷を持つ地域の
事例なども踏まえて解釈すると、フランスでは官か民かという二元的
な考え方ではない多様な運営形態の選択肢を制度的に用意した上で、

┃表6-7　水関係3事業における2010〜2015年の運営形態変化の状況

	水道事業		下水道事業		浄化槽事業	
	レジーからDSPに移行した事業	DSPからレジーに移行した事業数	レジーからDSPに移行した事業	DSPからレジーに移行した事業数	レジーからDSPに移行した事業	DSPからレジーに移行した事業数
事業数	68	68	150	80	43	7
サービス数に占める比率	0.6%	0.6%	1%	0.6%	2.2%	0.4%
DSPの純増数	0		70		36	
対象サービス人口	1,112,590	635,363	1,164,745	786,523	991,817	148,178

出典：フランス生物多様性庁（2018）

経営環境の変化に応じて運営形態を見直していることが分かるのでは
ないだろうか。

　また、給水人口でフランスの上位10都市を対象に、近年水道事業の
運営形態がどのように変化しているかを示した表6-8をみると、第2
位であるパリ市、第4位のリール市における浄水工程部分は再公営化
されている一方、他の都市でDSPを行っている都市が再公営化してい
る例はない。

▌表6-8　フランス給水人口上位10都市における近年の運営形態の推移状況

順位	事業体名称[※1]	人口（2015年）	経営形態（2015年時点）		契約更新年[※2]	直近の契約更新・再公営化の状況
1	イル・ド・フランス水組合（SEDIF）	415万人	DSP	コンセッション等	2011	DSP更新
2	パリ	224万人	レジー	EPIC[※3]	2010	再公営化
3	リヨン	135万人	DSP	コンセッション等	2015	DSP更新
4	リール	110万人	レジー	浄水　：EPIC	2016	再公営化
			DSP	配水等：コンセッション等		DSP更新
5	マルセイユ	106万人	DSP	コンセッション等	2014	DSP更新
6	フランス北部県間広域水道組合	88万人	レジー	—	—	—
7	ボルドー	72万人	DSP	コンセッション等	2021	—
8	トゥールーズ	70万人	DSP	コンセッション等	2020	DSP更新
9	ナント	64万人	レジー／DSP	レジーとDSP（コンセッション等）の区域が混在	※4	1区域：再公営化その他：DSP更新
10	ヴァンデ県組合	62万人	DSP	コンセッション等	2015	DSP更新

※1　コミューンまたはEPCIによる組合の名称
※2　更新された契約による事業が開始した年を指す。なお、再公営化の場合はDSPが終了し、新たな
　　　事業が開始した年を指す。
※3　商工業的公施設法人（公法上の法人であり、日本の地方独立行政法人に類似）
※4　元々レジーであり契約期間や再公営化といった概念が相当しない。
出典：SISPEAデータベースを基に、各事業体HP等より作成

第5章　モニタリング

1. 官民連携のモニタリングに関する制度・枠組み

　DSPを実施する場合、法律によりモニタリングの枠組みが定められている。コミューンまたはEPCIが作成し、議会へ提出する年次報告書（RPQS、詳細は後述）と同様に、DSPの受託者も、契約の実績や業務・サービスの質に関する年次報告書（RAD）を作成し、公表する義務が法定されている。これにより、発注者はDSPの業務履行状況の情報透明性確保が制度上確保されている。また、議会は、DSP契約の受託者が提出した年次報告書を審議することが法定されている。

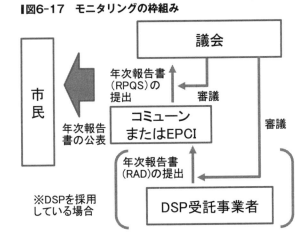

▌図6-17　モニタリングの枠組み

※DSPを採用している場合

出典：CGCTを基に作成

2. モニタリングの組織構造の例（ボルドー・メトロポール）

　モニタリングの組織構造として、ボルドー・メトロポールを例に、見てみると、発注者および受託者から構成される運営委員会が設置され、DSP契約の経済面と組織面に関する決定を下している。テーマ別に行われる予備的なモニタリングでは、発注者と受託者の双方の技術チームが集まり、技術的な問題を取り扱う。

　その他、CGCTに基づく地域公共サービス諮問委員会（CCSPL）が設置されているほか、パフォーマンスモニタリングおよびサービス品質委員会（CSPQS）も設置されている。これらは意思決定機関ではないが、特定の問題や実質的な変更を検討する場合に招集される。CCSPLでは、少なくとも1年に1回会合を開き、受託者の活動報告書と上下水道のサービスレベル、価格に関するRADの確認を行う。

　これらをみても、官民連携事業の財務および事業サービス面を報告書として提出する情報提供の観点と、提供された情報を独立した第三者組織として確認を行うプロセスが確立されていることがよく分かる。同委員会のメンバーには市民代表なども含まれていることから、議会や市民目線で確認する機会も設けられている。

　委託・受託の利害関係者以外も参加する複層的なモニタリングと事業のプロ目線・市民目線という多面的なモニタリングを制度上求めていることは、官民連携の長い歴史を有しているフランスならではといえる。日本においてもこのような観点から、モニタリング手法についてフランスから学ぶ必要がある。

▌図6-18　水道および下水道における契約のモニタリング構造

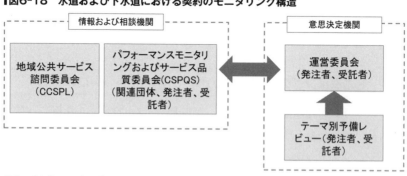

出典：ボルドー・メトロポール　Rapport annuel d'activité 2016を基に作成

コラム　**官民連携における地方公共団体に対する支援体制**

　フランスにおいては、官民連携等を実施する上で必要な専門知識を提供する地方公共団体向けのコンサルティング団体、業界団体が存在しており、円滑な事業実施に向けて様々な支援体制が存在している。この中でも、地方公共団体専門のコンサルティング企業であるエスペリア（Espelia）社とインフラ関連民間企業からなる非営利団体であるIGDを紹介する。

　地方公共団体や民間事業者だけではなく、官民連携に関する様々な支援団体が支えているシステムは日本でも十分参考になると思われる。

（ア）エスペリア社

　エスペリア（旧名：Service Public 2000）社は、1995年にフランス市長会およびフランス全国委託元当局連合会（FNCCR）により創立されたコンサルティング会社で、地方公共団体向けのコンサルティングサービスを実施している。職員数は約100人であり、業務執行について監視を行う取締役会のメンバーには公的機関の職員（フランス市長会およびFNCCR）等が含まれている。エスペリア社の業務内容は、国内外の公共向けのコンサルティングサービスであり、人事・組織形態の検討、プロジェクトマネジメント、新技術の導入可能性調査（スマートシティ、ビッグデータ、GIS）、調達戦略、複雑な公共調達の支援（DSP等）、調達の質に関する調査、契約・サービスの監査、モニタリング、資産管理などであり、法務、財務、技術など多様な分野の専門家が在籍している。注目すべきは、民間事業者向けのコンサルティン

グサービスを行わない経営方針である点だ。これにより民間事業
者側の利害に捉われることなく、公共側の立場に立ったコンサル
ティングが可能となっている。また、会社の株式も現在では同社
の幹部職員が保有しており、株主としての他企業や投資家の影響
を受けることもない。なお、同じような特徴を持つ官民連携等に
関するコンサルティングを行う会社は他にも存在している（コレ
クティビテ・コンセイユ（Collectivités Conseils）社やカリア・コ
ンセイユ（Calia Conseil）社等）。

（イ）IGD（Institut de la Gestion Déléguée）

　IGDは1996年に民間企業の出資により設立された非営利の企業
財団（fondation d'entreprises）[27]である。設立（出資）メンバー
は民間企業38社で、インフラ事業者（交通、上下水道、空港等）
や金融機関等が参加しており、上下水道関連では、2016年1月1
日時点でヴェオリア社、スエズ社、ソー社などが参加している。

　IGDの主な業務内容は、地方公共サービスに関する委託状況の
調査や、各種ガイドラインの策定、その他公共サービスに関する
調査などである。例えば、フランス全土での上下水道の委託状況
について調査を実施しており、2年に一度、白書の形式で発行
している。また、コンセッション契約に関しては、教育目的の
ブックレット（ガイドライン）を作成している。

27　企業財団（fondation d'entreprises）：1社または複数の民間企業により5年間以上の有期の存
　　続期間をもって設立される非営利の団体。1990年に法制された法人格。
　　出典：Institut de la Gestion Déléguée HP
　　https://www.service-public.fr/associations/vosdroits/F31016

第7部 経営モニタリング手法

第1章 上下水道事業に関わる 事業報告の仕組みと制度

　上下水道事業は、事業を実施するに当たって初期投資が膨大な費用逓減産業であり、地域独占事業である。公益的な観点から、日本における上下水道事業は地方公共団体が担うことが原則であり、先述のとおりフランスでも基礎自治体であるコミューンまたはその連合であるEPCIがその役割を担っている。

　日本でもフランスでも、事業に係る費用を使用者が支払う上下水道料金で賄っており、経済合理性の追求も合わせて求められている。例えば、日本における地方公営企業法第3条において、「経営の基本原則」として定められているものであり、「地方公営企業は、常に企業の経済性を発揮するとともに、その本来の目的である公共の福祉を増進するように運営されなければならない」とされている。

　このように、市場原理が働かない上下水道事業において、公的側面と経済的側面を両立した経営を行うためには、高度な自己規範を持つ経営者に経営を委ねるか、または仕組みによって自己規律を確保するアプローチもあるだろう。フランスでは後者のアプローチが採用されており、今後の日本における上下水道事業の経営マネジメントのあるべき姿を考える上で参考になると考えられる。

　以降では、フランスの上下水道事業者に求められる事業報告書や情

報公開に係る仕組みについて、現在のフランスの制度を紐解いてみる。フランスのこれらの仕組みは、日本に比べて細分化されており、また技術だけでなく料金や顧客視点の内容も含まれている。現在、日本では、上下水道事業で経営戦略の必要性が求められているように、まさに経営の時代に突入している。日本の上下水道事業をどう経営していくか、どのような目標設定を行うかを考えるに当たって、以降で取り上げる内容は、示唆に富むものであると考える。

1. 事業報告書（RPQS）

　フランスにおいて、経営モニタリングに用いられる事業報告書（Rapport sur le prix et la qualité des services、Service（サービス）に関するPrix（価格）とQualité（質）に関するRapport（報告書）で、「RPQS」と呼ばれる）を取り上げる。日本では地方公営企業法に基づき上下水道事業者は事業報告書等の首長への提出および議会での認定が求められているが、その内容のほとんどは個々の事業者に委ねられている。一方、フランスのRPQSでは事業経営指標（PI）を含めて

▌表7-1　CGCTにおける年次報告書提出に関する規定

CGCT L2224-5条
コミューンの首長は当該コミューンの議会に、コミューン間協力公施設法人の首長は、当該公施設法人の議会に対し、利用者への情報提供を目的として、上下水道事業の公共サービスの料金および品質に関する年次報告書を提出しなければならない。報告書は対象年度終了から9カ月以内に提出される。
首長は、この報告書に水管理庁が作成する年次文書を添付する。この文書には、利用者への請求書に含まれる賦課金、および、水管理庁による複数年度事業計画の実施に関する記録が記載される。
報告書と、コミューン議会またはコミューン間協力公施設法人議会の意見は、本法1411条から1413条の規定に従い公表される。
本条の適用条件、特に年次報告書に盛り込まれなければならない技術指標および財務指標は、政令により定められる。これらの指標は、環境法典L131-9条に規定された情報システムに電子的に伝達される。当該政令が、コミューンの規模に応じて、この指標の伝達の手続および開始期限（遅くとも2015年12月31日）を定める。人口が3500人に満たないコミューンおよびコミューン間協力公施設法人においては、伝達は任意である。
下水道事業についても本条の規定を適用する。

出典：CGCT

記載すべき事項が法定され、その活用が進められている。

　RPQSの作成、議会承認および公表義務については、上下水道事業者であるコミューンやEPCIが実施することとCGCTに規定されている。つまり、DSPによって事業の運営を事業者に委ねている場合であっても、公的部門が作成する必要がある。さらに、議会審議後、ONEMAが運用する上下水道情報データベース（SISPEA）への

|表7-2　水道事業に関わる事業報告書への記載内容

項目	概要
1．事業の技術特性	・給水区域、事業方式、事業終了日 ・給水人口の推定 ・原水の種類、取水量、受水量 ・給水量 ・管路延長　等
2．料金と収入	・水道料金の条件と基本使用料、水道およびその他の料金表に関する水道料金決定主体における審議状況 ・INSEEによって定義された世帯の基準水消費量について計算された、報告年度の1月1日および前年の1月1日に計算された水道料金の金額 ・水道料金収入、一般会計からの基準外繰入金、例外的な補助金収入額
3．事業経営指標（PI）	・公衆衛生法R.1321-15で定義された水質に関するデータおよび微生物に係る数値 ・水道管路の知識・資産管理に関する指標 ・配水管網の性能 ・配水管網の平均更新率 ・水資源保護の進捗指標 ※CGCT L.1413-1に基づく地方公共サービス諮問委員会に提出する報告書には以下の項目も含まれる ・計画外の断水発生率 ・水道事業における負債償還期間
4．投資の資金調達	・前年度に発生した投資額、コミューンまたはEPCIからの補助金の額および一般予算からの繰入金 ・前会計年度における未返済債務および債務返済年金（元利別に記載） ・減価償却額 ・使用者へのサービスの質向上と環境負荷低減のための実施中のプロジェクトの内容、金額 ・前年度に採択された複数年度の業務プログラムの内容
5．水分野における連帯と分権的協力	・不安定な状況にある人々に対する水道料金の支払助成の形での連帯基金への償却額または支払額、受領した申請件数 ・CGCT L1115-1条に基づいて行われた地方分権的協力義務の財務内容と金額

出典：CGCTより作成

表7-3　下水道事業に関わる事業報告書への記載内容

項目	概要
1．事業の技術特性	・処理区域、事業方式、事業終了日 ・下水道処理区域内人口の推定 ・契約件数 ・下水道へ放流する民間（工業）事業所の数 ・合・分流管きょ延長 ・下水処理場の数、処理容量、主な水質項目に関する放流水質基準 ・排出汚泥量
2．料金と収入	・下水道使用料の条件と基本使用料、下水道およびその他の料金表に関する下水道使用料決定主体における審議状況 ・INSEEによって定義された世帯の基準水消費量について計算された、報告年度の1月1日および前年の1月1日に計算された下水道使用料の金額 ・下水道使用料収入、その他の営業収益、水管理庁からの補助金、他のサービスからの拠出金、雨水への公費、一般会計からの基準外繰入金
3．事業経営指標（PI）	・下水道普及率 ・下水道管きょの知識・資産管理に関する指標 ・下水収集、下水処理場性能規定に関する遵守率（政令No. 94-469 of 3 June 1994） ・排出汚泥濃度 ※地方公共サービス諮問委員会に提出する報告書には以下の項目も含まれる ・使用者の敷地内での溢水の割合 ・管路100km当たりの頻繁な洗浄作業を必要とする下水道管きょポイント数 ・下水道の平均管路更新率 ・各事業における水質政策の要求事項に対する処理装置の性能適合割合 ・下水道管きょから自然環境への放流に関する指標 ・債務の償還期間 ・前年の下水道使用料に対する未払い料金の割合 ・書面による苦情を記録する方法、苦情発生率
4．投資の資金調達	・前年度に発生した投資額、コミューンまたはEPCIからの補助金の額および一般予算からの繰入金 ・前会計年度における未返済債務および債務返済年金（元利別に記載） ・減価償却額 ・使用者へのサービスの質向上と環境負荷低減のための実施中のプロジェクトの内容、金額 ・前年度に採択された複数年度の業務プログラムの内容
5．水分野における連帯と分権的協力	・不安定な状況にある人々に対する下水道使用料の支払助成の形での連帯基金への償却額または支払額、受領した申請件数 ・CGCT L1115-1条に基づいて行われた地方分権的協力義務の財務内容と金額

出典：CGCTより作成

RPQSの提出と同時に、PIのSISPEAへの登録が義務付けられ、登録内容へは誰もが自由にアクセス可能である。

　RPQSは、1995年バルニエ法により制度化され、またPIは利用者の情報へのアクセスとサービス水準の向上の観点から2007年よりRPQSに含まれることとなった。現在RPQSの規定はCGCT L2224-5条に移行し、その具体的規定はCGCTの政令部分のD2224-1～2224-3条にある。水道事業は別表5に、下水道事業については、別表6に規定されており、①事業特性、②料金と収入、③事業経営指標（PI）、④投資の資金調達、⑤連帯（貧困者保護）に関する報告が求められている。

2．DSP受託事業者からの年次報告

　DSP受託事業者についても、発注者であるコミューンまたはEPCIへの年次報告書（Rapport Annuel du Délégataire、以下、「RAD」という）の提出義務に関する規定が存在している。

　CCP L3131-5条において、DSP契約の受託者は当該契約の実績や勤務・サービスの質に関する年次報告書を作る義務があるとされている。

▌表7-4　DSP受託事業者から提出すべき情報

項目	詳細
会計に関する情報	・当該年度のDSP（公共サービスの委任）の運営に関する損益計算書 ・受託者がサービス提供に必要とする、資産や不動産等に関する情報 ・更新投資に関する情報　など
サービス品質に関する情報	・サービスの品質に関する分析（提供されたサービスの品質の評価を可能にする要素を含み、ユーザーの満足度向上のために受託者によって提案された手段を含む） ・サービスの品質は、受託者によって提案された、または委託者により要求された指標で、契約において定義された指標により特に評価されることが望ましい
その他サービスの履行に関する情報	・サービスの履行に関する有用な情報や利用者への料金表と決定方法、料金決定方法や改定経緯、営業収益等

出典：CGCTより作成

当該報告書は、発注者によるDSPの履行状況の精査を可能にするものであることがCCPにおいて規定されている。

また、CGCT L1411-3条においては、DSP契約の受託者が提出した年次報告書を議会が確認する義務を負うものとされている。

ボルドー・メトロポールを例にとると、上下水道事業の年次活動報告書に、DSP事業の財務分析結果が掲載されている。分析結果の概要と目次は表7-5、表7-6のとおりである。

これまでのRPQSとRADに係る上下水道事業におけるステークホルダーの関係を示すと図7-1のとおりになる。上下水道事業者は、年度終了後9カ月以内に議会にRPQSを提出するとともに、市民に対して

▌表7-5　分析結果の概要

【概要】
ボルドー・メトロポールは、2013年1月1日から6年間、下水道サービスの管理をSGACに委託しています。SGACはスエズ・オー・フランス社100%出資・資本金50万ユーロのDSPの特別目的会社です。 　この年次報告書は、2016年のSGACの財務状況を提示したうえで、2015年と比較しています。また、事業開始後4年間の契約の全体的な財務状況も分析しています。 　受託者の売上高は4,232万ユーロ（代行徴収した賦課金を除く）です。2015年と比較して1.9%増加し、2016年の営業利益計画地よりも3.15%上回っています。理由としては主に良好な気候条件によるものです。 　2016年の更新投資額は418万ユーロ、新設投資は27万ユーロです。更新投資は、過去4年間は契約通りとなっていたものの、2016年は契約額（468万ユーロ）に対して418万ユーロと遅れています。2016年の純利益は1,754百万ユーロであり、契約に基づき150万ユーロの配当の対象となりました。

出典：ボルドー・メトロポール年次報告書（2016）より作成

▌表7-6　年次報告書の目次

【目次】
1．序文 　1.1 委託の主な特徴 　1.2 活動報告に対する一般的なコメント・・・2015年に発生したPCB汚染、等 2．2016年の財務分析 　2.1 契約の財務状況・・・SGACは今年、175万4000ユーロの純利益を掲示 　2.2 損益計算書の分析・・・営業利益、営業費用、外注費用 　2.3 貸借対照表・・・純資産、負債、運転資金および運転資本要件 3．要約

出典：ボルドー・メトロポール年次報告書（2016）より作成

もこれを公表、開示することも法令で規定されている。この年次報告書を作成するために必要な情報については、DSP受託者が作成するRADから取得することができる。

|図7-1　フランスの上下水道事業における事業報告書等に関するステークホルダーの関係

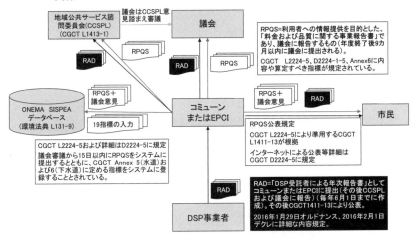

3.　日本とフランスの事業報告の仕組みの比較

ここで一度、日本の事業報告書がどのように法制化されているかを対比してみる。日本では、地方公営企業法において、次の事業報告および業務状況の公表が義務付けられている。

（ア）事業報告書等の報告

地方公営企業法第30条（決算）において、当該地方公営企業の決算を調製し、証書類、当該年度の事業報告書および政令で定めるその他の書類の地方公共団体の長への提出、監査委員の審査および議会認定を規定している。政令で定めるその他の書類とは、キャッシュ・フロー計算書、収益費用明細書、固定資産明細書および企業債明細書を

いう（施行令第23条）。また、地方公営企業法施行規則第48条および別記第14様式には表7-7のとおり定めている。

（イ）業務状況の公表

　地方公営企業法第40条の2（業務状況の公表）において、条例で定

▌表7-7　地方公営企業法で定める事項

項目	詳細
1．概況	• 総括事項 • 議会議決事項 • 行政官庁認可事項 • 職員に関する事項 • 料金その他供給条件の設定、変更に関する事項
2．工事	• 建設工事の概況 • 改良工事の概況 • 保存工事の概況
3．業務	• 業務量 • 事業収入に関する事項 • 事業費に関する事項 • その他主要な事項
4．会計	• 重要契約の要旨 • 企業債および一時借入金の概況 • その他会計経理に関する重要事項
5．附帯事項	• 当該事業の概況
6．その他	• 決算日後に生じた企業の状況に関する重要な事実 • その他

出典：著者作成

▌図7-2　日本における事業報告書に係る整備およびプロセス

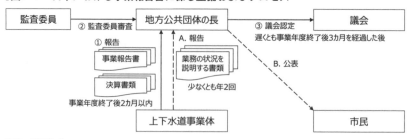

出典：著者作成

めるところにより、毎事業年度少なくとも2回以上の業務の状況を説明する書類の公表の義務を規定している。

（ウ）まとめ

　フランスと日本における上下水道事業に関わる報告書類の関係やその内容を見てきたが、フランスではPIが法制化され、データベースへの登録も上下水道事業者の法令上の義務となっており、その透明性が高いことが分かる。こうした全事業に共通した指標を制定することにより、レジーかDSPかの事業運営形態に関わらず、全事業のサービス水準を横並びに比較することが可能となっている。

　日本の上下水道普及率や接続率は、経済発展に伴い確実に上昇し、都市の健全な発達および公衆衛生の向上に大きく寄与してきた。一方で、普及率や関係水域の水質等の指標を除き、その貢献度、事業運営の状況については、関係者に十分に理解されているとは必ずしもいえない。とりわけ、今後、人口減少が進むこと等による上下水道料金の値上げ等も想定される中、上下水道事業に対する利用

┃図7-3　フランスと日本の事業報告に関する対比

フランスの事業報告書の特徴	日本における現状
PIの法制化 ① PIを含む議会への事業報告および公表が上下水道事業者の義務	**未整備** 地方公営企業法に事業報告に関する定めがあるが、報告内容は地公体の裁量による。
DB登録の法制化 ② データベースへの登録が上下水道事業者の義務	**未整備** 上下水道事業者のデータ登録は任意である。・地方公営企業法適用の上下水道事業者は経営比較分析表を作成・上下水道事業者は毎年実態調査に協力・日水協、下水協が実態調査結果を統計データに反映
法制化されることにより	法制化されていないため
上下水道事業の透明性を確保 ③ 統一されたオープンデータにより、誰もが個々の上下水道事業の現状を知ることが可能	**透明性が高いとは言い難い** データベースは存在するが、様々な省庁・機関が関与し、利用者にとっては分かり辛い。・下水道全国データベース（日本下水道協会）・経営指標の見える化（国土交通省）・地方公営企業の経営比較分析表（総務省）
事業者比較が可能 ④ 全ての上下水道事業者が統一の指標を利用するため、事業者ごとの比較が可能	**完全な比較は困難** 法制化されていないため、全ての事業体データが完備されていない。

者・社会の理解を一層向上させる必要がある。

　このような状況を踏まえると、上下水道事業について、事業目的・目標の達成度、経営・事業運営の実態およびサービス水準等について、指標を用いた、より一層の見える化を進めるとともに、事業成果の定期的な報告等により説明責任を果たしていくことができる仕組みの構築も有益だと考えられる。

コラム　官民の強み弱みを把握する

　日本における官民連携は、専らコスト削減や人材確保という視点で導入が進められてきた。フランスでは、多様な経営の視点から、官民それぞれの強みを活かした役割分担を事業体が積極的に模索している。

　ボルドー・メトロポールにおける自己評価チャートの活用事例を紹介する。DSPの導入に当たり、「透明性」「適正料金」「リス

図6-19　ボルドー・メトロポールにおける「自己評価チャート」

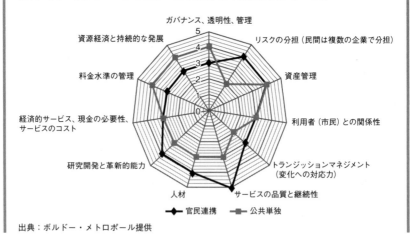

出典：ボルドー・メトロポール提供

ク管理」などの視点ごとに官と民の能力をそれぞれ5段階で評価した「自己評価チャート」を作成し、民間事業者に任せる業務を決定するに当たっての参考としていた。

　日本では公共側が得意と思われているリスク管理が、ボルドー・メトロポールでは民間事業者の方が優れていると分析されている点などは興味深い。リスクを民間事業者に委ねることは、DSPに関する法律の要請でもあり、民間事業者がリスク管理能力を向上させていると思われる。

　日本においても、官民連携の効用を最大化するために、官民それぞれのノウハウや課題を定義することは欠かせない。そして、公共が優れている要素であっても、リスク回避の観点からあえて民間活用するという決定を公共が選択することもあり得る。

第2章　事業経営指標

　次に、事業経営指標（PI）の具体的な内容について取り上げる。法律上、コミューンやEPCIが提出するPIはCGCTに規定され、SISPEAへの登録が義務付けられた法定PIは、水道で17、下水道で19の指標から構成されている。下水道を例にとると、日本の「下水道維持管理サービス向上のためのガイドライン」（（公社）日本下水道協会発刊）に示される指標数に比べ1／5程度に限定されている。フランスでは、作成者の負担を減らす代わりに、人口3,500人以上の事業に対して作成・公表を義務付けている。以下では、引き続き下水道を例に考察を加える。

　内容面では、まず、指標は4つのDescriptif（事業体の特徴、以下、「D指標」という）と15のPerformance（パフォーマンス、以下、「P指標」という）に分類されている。D指標は、経営状況を把握する上で事業者間比較を実施する場合、同等規模の事業者を選定することに役立つ。また、P指標は、普及率や環境基準への適合状況に加え、日本ではあまり公表されない使用者に対するアウトカムを図る浸水被害や苦情件数、そして、事業運営実態を表すための管路アセット管理状況などを点数化した指標がある。点数化のような、長期取組みに対する進捗状況の見える化は、国や管理者が事業をマネジメントする上でも役に立ち、今後、日本においても参考とすべきものと考える。

　全ての下水道事業者が同じ指標を公表している意義を考察した場合、次のような利点が考えられる。まず、使用者がサービスを受ける下水道事業者を評価でき、下水道事業経営に関する健全な批判を促すための有用なツールとなる。次に、経営者やマネージャーにとって、管理目標の策定が容易となり、効率的な事業を実施するためのモ

チベーションとなる。そして、水管理庁にとって、効果的な流域水質保全を実施するための判断材料となる。また、アフェルマージュ等民間活用を選択する事業では、事業成果のモニタリングの際のチェック項目としても、事業範囲などに応じてふさわしいPIを法定PIから採用している。法定PIがあることで、地方公共団体のマネジメントだけではなく、官民連携事業のマネジメントの円滑化にも効果を発揮している。

　これらの指標については、SISPEAにおいて指標の目的や算出式、算出式に使う数値の出処などが細かく定義されており、事業者が指標を算出する際に参照できるようになっている。例えば、事業運営実態

┃表7-8　水道事業における法定PI

指標番号	項目
D101.0	給水人口の予想値
D102.0	水道料金（税込み、年間120m^{3}使用時のm^{3}単価）
D151.0	新規契約者に対する給水開始までの最大日数
P101.1	水道水の水質遵守率（微生物学的項目）
P102.1	水道水の水質遵守率（物理化学的項目）
P103.2	（0点から120点までの尺度評価指標）水道管路に関する調査状況および複数年にわたる更新計画の策定状況
P104.3	有収率
P105.3	無収水率
P106.3	漏水率
P107.2	平均水道管路更新率
P108.3	水源保全の推進度合
P109.0	調定水道料金に対する、支払い免除額および連帯基金への拠出額の比率
P151.1	無計画断水の発生件数割合
P152.1	最大給水開始日数の遵守割合
P153.2	債務償還年数
P154.0	前年度の水道料金の未納比率
P155.1	使用者1,000人当たりの、書面での苦情受理（運営主体および市長部局向け双方）の比率

出典：SISPEA（http://www.services.eaufrance.fr/indicateurs/indicateurs）より

を表すための管路アセット管理状況などを点数化した指標（P202.0）については、下水管網の現状評価および資産管理における質を保証することを目的としている。定義については、下水管網における利用可能な情報の程度を3つの区分に分けて算出し、0から120までの数値で表すこととなっている。

表7-9　下水道事業における法定PI

指標番号	項目
D201.0	合流式または分流式の下水道事業に接続する人口の予想値
D202.0	事業場からの下水道への排出に関する承認件数
D203.0	下水道事業に起因する汚泥の発生量
D204.0	下水道使用料（税込み、年間120m³使用時のm³単価）
P201.1	下水道普及率
P202.2B	（0点から120点までの尺度評価指標）下水管網に関する調査状況および複数年にわたる更新計画の策定状況（2013年以降の新算定式による新指標）
P203.3	EU指令（EU都市排水処理指令）に基づく国内規制に定める下水管網の状態の適合状況
P204.3	EU指令（EU都市排水処理指令）に基づく国内規制に定める下水処理設備の状態の適合状況
P205.3	EU指令（EU都市排水処理指令）に基づく国内規制に定める下水処理水準の状態の適合状況
P206.3	法規制に適合した処理がされている下水汚泥の比率
P207.0	調定下水道使用料に対する、支払い免除額および連帯基金への拠出額の比率
P251.1	浸水被害の発生件数の比率
P252.2	管きょ網における頻繁な清掃（年2回以上）を必要とする地点の数（100km当たり）
P253.2	平均下水道管きょ更新率（過去5年平均）
P254.3	処理人口2,000人以上の処理場を対象とした、BOD5の適正処理の状況
P255.3	（0点から120点までの尺度評価指標）晴天時および雨天時（異常降雨時を除く）における下水の未処理放流の状況に関する調査、モニタリング状況
P256.2	債務償還年数
P257.0	前年度の下水道使用料の未納比率
P258.1	使用者1,000人当たりの、書面での苦情受理（運営主体および市長部局向け双方）の比率

出典：SISPEA（http://www.services.eaufrance.fr/indicateurs/indicateurs）

|表7-10　下水道の管きょアセット管理状況を示すPI

項目	内容
持続的発展性	財務およびストック管理
目的	・下水管網の現状評価 ・資産管理における質を保証
定義	・下水管網における利用可能な情報の程度を0から120までの指標で表す ・A）管網計画の有無と更新状況（0〜15）、B）管網台帳の有無と更新状況（0〜30）、C）その他の管網情報（0〜75）
単位	－（0〜120）
計算方法	・1年に1回（12月31日時点の情報を基に算出、汚水の収集を行っている事業者に対してのみ適用） ・処理場から河川放流地点までの管路を除く管網延長および管網台帳、管網整備計画を必要とする

出典：SISPEA（http://www.services.eaufrance.fr/indicateurs/indicateurs）

　0から120までの数値化については、表7-11のパートA、B、Cのポイントを合計して算出しなければならない。なお、Bは、Aが取得された場合にのみカウントし、Cの75ポイントは、（A＋B）の45ポイントのうち少なくとも40ポイントが取得された場合にのみカウントすることとなっている。管網に関する情報の管理方法は、台帳でも地図情報システムでもどちらでもよい。

　日本にもこのようなPIを法制化することが有益と考える一方で、PIが財政支援制度等と関連してどのように活用されるのかも重要だ。地方公共団体における運用の実態、中小団体への支援、データベースの運用方法、また今回取り上げた以外の有用な指標の有無など運用に移す上で整理すべき課題も多い。これらの課題については、先行する諸外国の事例を十分に調査することが求められるだろう。

▌表7-11　下水道の管きょアセット管理状況を示すPI（配点の詳細）

配点項目	数値化方法
パートA：15点	・10点（VP.250）：付帯施設（復旧または再点検所、暴風雨堰など）の場所を記載した管網計画が存在する場合 ・5点（VP.251）：最後の管きょの更新（拡張、修繕または更新）以降、少なくとも毎年更新がなされている場合
パートB：30点	・10点（VP.252, 253, 254）：次の2つが満たされた場合 　・管きょの延長および位置情報が分かるデータがある（VP.252） 　・全延長の少なくとも半分のものには材質と口径に関する情報がある（VP.253） 　・管網計画と管網台帳の更新が一致している（VP.254） ・1～5点（VP253）：VP253について、材質と口径に関する情報が50％以上を超える場合、次のルールに沿って加点する 60％以上70％未満は1点、70％以上80％未満は2点、80％以上90％未満は3点、90％以上95％未満は4点、95％以上は5点 ・0～15点（VP255）：管網台帳については敷設時期が示されているものが全延長の50％を超える場合に、次のルールに沿って加点する 50％未満は0点、50％以上60％未満は10点、60％以上70％未満は11点、70％以上80％未満は12点、80％以上90％未満は13点、90％以上95％未満は14点、95％以上は15点
パートC：75点	・10点（VP.256）：管網計画には、全延長の50％以上で標高を示す地理的情報が含まれている ・1～5点（VP.256）：VP256について、10ポイント増えるごとに1点加算、90％以上は5ポイント増えるごとに1点加算 ・10点（VP.257）：補助構造（排水ますなど）の場所と情報が示されている ・10点（VP.258）：下水管網に関する既存の電気機械設備台帳が存在し、年に一度更新されている ・10点（VP.259）：計画または台帳には、管網における接続数（2つのマンホール間の接続数）が記載されている ・10点（VP.260）：台帳には管網における各種作業情報（清掃、修繕・改築など）が紐付けられている ・10点（VP.261）：管網の状態検査、特にカメラによる検査、およびその場所で行われた修理または作業の日付が記載されている ・10点（VP.262）：多年（少なくとも3年以上）にわたるリハビリおよび更新計画が実行されている

出典：SISPEA（http://www.services.eaufrance.fr/indicateurs/indicateurs）

▌図7-4　ボルドー・メトロポールの事業報告書（他都市との比較のページ）

REPÈRES

Les comparaisons chiffrées : Les données statistiques

Indicateurs de Décret du 2 mai 2007

Indicateurs du service de l'Eau potable

Code ONEMA	Indicateur	Unité	2015					2016
			Grand Lyon	Nantes	Nice	Nancy	Toulouse	Bordeaux Métropole
D 101.0	Estimation du nombre d'habitants desservis	u	1 324 807	601 272	425 528	261 808	748 149	729 327
D 102.0	Prix TTC du service au m³ pour 120m³	€TTC/m³	1,8337	1,80	1,66	2,3749	1,70	2,04
P 103.2	Indice de connaissance et de gestion patrimoniale des réseaux d'eau potable	Pts/120	100	89	96	100	114	114,8
P 104.3	Rendement du réseau de distribution	%	78	84,9	83,64	84	85,6	82,54
P 108.3	Indice d'avancement de la protection de la ressource en eau	%	Non renseigné	74	100	80	93	76,6
P 155.1	Taux de réclamations	/1000 abonnés	Non renseigné	0,35	1,48	1,41 inclus eaut	Non disponible	15,09

Indicateurs du service de l'Assainissement collectif

Code ONEMA	Indicateur	Unité	2015					2016
			Grand Lyon	Nantes	Nice	Nancy	Toulouse	Bordeaux Métropole
D 201.0	Estimation du nombre d'habitants desservis par un réseau de collecte des eaux usées, unitaire ou séparatif	u	1 324 494	500 000	479 973	261 808	718 105	744 274
D 204.0	Prix TTC du service au m³ pour 120m³	€TTC/m³	1,2764	1,54	1,23	1,5001	2,0	1,469
P 202.2	Indice de connaissance et de gestion patrimoniale des réseaux de collecte des eaux usées	Pts/120	15	84	30	80	55	115 (route de cursol arrêté du 2 décembre 2013)
P 206.3	Taux de boues issues des ouvrages d'épuration évacuées selon les filières conformes à la réglementation	%	100	100	100	100	100	100
P 252.2	Nombre de point du réseau de collecte nécessitant des interventions fréquentes de curage	/100 km de réseau	1,3	4,7	5,7	0	11	6,26
P 258.1	Taux de réclamations	/1000 abonnés	NC	0,30	0,47	1,41 inclus eau	Non renseigné	0,82

Indicateurs du service de l'Assainissement non collectif

Code ONEMA	Indicateur	Unité	2015					2016
			Grand Lyon	Nantes	Nice	Nancy	Toulouse	Bordeaux Métropole
D 301.0	Estimation du nombre d'habitants desservis par le service public de l'Assainissement non collectif	u	14 634	13 500	1221	771	8 100	9279
D 302.0	Indice de mise en œuvre de l'assainissement non collectif	u	100	100	80	100	100	100
P 301.3	Taux de conformité des dispositifs d'assainissement non collectif	%	0,909	Non renseigné	45	83,48	44	75

BORDEAUX MÉTROPOLE
Rapport annuel d'activité 2016
sur le prix et la qualité des Services publics de l'eau et de l'assainissement

出典：ボルドー・メトロポール（2016）

アウトカム目標とプロセスを評価した水事業運営へ

京都大学経営管理大学院 特定教授 **藤木 修**

■ 略歴

昭和54年に京都大学大学院工学研究科
修士課程修了、同年に建設省入省後、
国土交通省下水道部流域管理官、国土
技術政策総合研究所下水道研究部長、
建設コンサルタント会社代表取締役等
を経て、平成31年4月に京都大学経営
管理大学院特定教授に就任。平成29年
一般社団法人日本アセットマネジメン
ト協会の創設に参加し、現在同協会理
事。平成23年に京都大学博士（工学）
を取得。

諸外国で進むアセットマネジメントの動向

——アセットマネジメントの国際的な動向について教えてください。

　アセットマネジメント（以下、AM）の国際的な普及と進歩は、
2009年にイギリスがAMの国際規格の制定をISOに提案したことに端
を発します。この種の規格はマネジメントシステム規格と言います
が、国際規格では1994年発行の品質マネジメントの規格、ISO 9000
シリーズを嚆矢とします。それまでの規格がネジや鉄鋼といったモノ

に適用するものであったのに対して、マネジメントシステム規格は組織に適用するという点で革命的なものでした。品質マネジメントは日本のお家芸ではあったものの、そのエッセンスを国際規格にするという発想は日本にはありませんでした。

　AMの国際規格ISO 55000シリーズ（ISO 55000、55001、55002）は2014年に発行され、55002は2018年に改定されました。ここで注意しなければならないのは、ISO55000シリーズはAMの規格であって、「マネジメント・オブ・アセット」の規格ではないということです。「マネジメント・オブ・アセット」は維持管理や改築更新といった組織がモノに働きかける活動で、いわゆるストックマネジメントがこれに当たります。AMは、マネジメント・オブ・アセットはもちろん、料金設定やPFI、コンセッション、住民対応や議会対策など運営の全ての活動にわたります。

　現在AMの分野で世界の最先端を行く拠点に、間違いなくオーストラリアが含まれると思います。20年程前にオーストラリア上下水道サービス協会が「アクアマーク」というAMのベンチマーキング評価ツールを開発しました。事業のパフォーマンスを向上させるために、各種の指標や業務プロセス等を優良事例と比較し、そこから体系的にAMの具体的改善策を追求しようという方法論で、一般的にプロセスベンチマーキングと呼ばれています。アクアマークは、今ではISO 55000シリーズに準拠した「AMCV（アセットマネジメント・カスタマー・ヴァリュー）」という評価ツールに進化し、4年ごとに多数の上下水道の事業体が参加してAMCVで評価し、改善の方法を研究し合う国際プロジェクトを実施しています。2016年には仙台市と横浜市の下水道事業部門が、AMCVのプロジェクトに参加しました。

　他方、ヨーロッパでも上下水道の事業体の間で業務指標を比較し合い、互いにAMの改善に向けて研究し合う「欧州ベンチマーキング協

力事業」という国際的な活動があります。こちらも2013〜2015年に横浜市の下水道事業部門が参加しました。

——ベンチマーキングで効率化を証明できれば、料金を上げさせてください とも言いやすくなりそうですね。

その逆もあります。例えば「下水道に起因する陥没を3割減らすためにはこれだけの使用料値上げが必要で、反対に使用料を下げた場合は陥没数が3割増えてしまいますが、どちらを選びますか？」と住民に問いかけます。すると、値上げが支持されることもありますが、陥没が増えてもいいから値下げしてほしいという意見の方が多くなる場合もあります。このような住民の選択肢を用意できるくらい高度なAMを実施している訳です。AMの要諦は、コストとリスクとパフォーマンスのバランスをとることです。最適なバランスはサービス提供者側が独断で決めるのではなく、重要なステークホルダーである住民の意見に耳を傾けて決定すべきでしょう。

プロセスと成熟度で評価

——もし日本で民営化を導入するとなった場合に懸念されることはありますか？

日本でよく議論されているのは、イギリスのような完全民営化ではなく、施設は地方公共団体が所有したまま事業運営権を民間に移転するコンセッション方式です。2018年12月の水道法改正を契機として、水道のコンセッション事業の是非が全国的に注目を集め、11月29日の参議院厚生労働委員会では参考人から意見聴取が行われました。コンセッションでは、企業の創意工夫によって改善が図られ、コストダウンも図られるというのが賛成側参考人の主張ですが、反対側からは委託者である公的セクターのガバナンスが利かなくなる懸念が示されま

した。興味深いのは、コンセッションに賛成の立場、反対の立場の両方の参考人から、モニタリングの重要性が指摘されたことです。

　このことは、賛成側・反対側ともに、コンセッションには、いわゆる「プリンシパル＝エージェント」関係に付随する問題があり、それを解決する有力な手段として厳格なモニタリングの必要性が認識されているということです。依頼人（プリンシパル）が自らの利益のための労務の実施を他の行為主体である代理人（エージェント）に委任するという関係は、社会の様々な場面に見られますが、プリンシパルがエージェントの働きを十分にモニタリングできないと、エージェントがプリンシパルのためではなく自分の利益のみのために行動することがあります。「情報の非対称性」と「モラルハザード」と言われる問題です。この問題は昔からよく研究されていて、解決策は適切なモニタリングとインセンティブの設計であるといわれています。

　ここで２つの留意点があります。１つは、日本の国内でモニタリングの具体的方法論があまり研究されていないことです。あらかじめ定められた要求水準を満たしているかどうかチェックする程度にしか捉えられていないのではないでしょうか。もう１つは、プリンシパルからエージェントへの働きかけです。モニタリングの結果エージェントの仕事のやり方に問題があることが分かったとして、それでも要求水準を満たしている場合に、プリンシパルは運営権者であるエージェントにどこまで改善を指示できるのか、そこが明確ではありません。

――コンセッション等についてプリンシパル＝エージェントの問題を解決する方策はあるのでしょうか。

　この問題は、日本のお家芸であるモノづくりの品質管理の世界では既に解法が定式化されているのです。それは、「品質はプロセスで作り込む」というものです。最終製品の品質をチェックするだけでは、品質管理はできません。プロセス、すなわち工程をモニタリングし、

評価することが重要です。上下水道の維持管理もモノづくりと本質的に違いはありません。

　具体的には、マネジメントシステムの日本産業規格（JIS規格）を要求水準として活用することです。JIS Q 55001（アセットマネジメント）やJIS Q 9001（品質マネジメント）といった規格ですが、水道については、WHOの水安全計画マニュアルを加えてもいいかと思います。これらの規格は、プロセス、すなわち何を行うべきかを規定している一方、それをどのように行うべきかは、実行者に委ねられていますので、一般にエージェントの創意工夫を阻害することはありません。評価の結果不十分または不適切なプロセスがある場合、プリンシパルは助言や指示のほか経済的インセンティブを働かせて、エージェントが改善に向かうように誘導します。プリンシパルとエージェントが、プロセスに関する情報を共有し、継続的改善のためのPDCAアプローチを連携して行うことで、情報の非対称性とモラルハザードの問題は自ずと解決されるのです。

　日本の製造現場では、協力会社に重要な部品等の製造を任せる場合は、受発注者の間で、製造工程にまで立ち入った情報・意見の交換を行うことが通常行われています。PFIやコンセッションという制度や方法は外国から導入されたものなので、その方法を学んだり評価したりするとき、どうしても外国のマニュアルや成功例、失敗例に目が向きがちです。しかし、我々が国内のモノづくり等で培ってきた身近な知恵を活かし、地に足の着いた議論を行う方がより生産的と言えるでしょう。

流域管理と上下水道運営の広域化

——民間を活用した運営手法のお話を伺いましたが、フランスの流域管理という側面ではいかがでしょうか？

　フランスでは、国土を6つの大流域に分割し、それぞれの流域に「河川流域委員会」と「水管理庁」を設置しています。河川流域委員会は、各流域および流域グループに応じた流域単位の水管理基本構想（SDAGE）を定めています。また、水管理庁は、公共用水域からの取水と排水に課徴金を課し、これを原資として、水資源の保全、水質汚濁防止に対して経済的な支援（補助と融資）を行っています。下水道に対する補助金の割合は、日本より高いと思います。

　ヨーロッパ大陸の多くの国々では、水利権は沿岸権主義に基づいています。河川の沿岸に土地を所有する沿岸権所有者は、他の沿岸権所有者の権利を損なわないという条件の下で、河川の水を利用する権利を持っているのです。しかし、上流で水を汲み上げると下流まで水が来なくなるため、沿岸権には、取水した分と同じ水量・水質で使った水を河川に戻すという条件がつきました。しかし一旦汚染した水はなかなか元に戻せないので、代わりに課徴金を取ることになりました。

　結論から言うと、フランスの流域管理は、課徴金の制度によって流域内で必要な資金を循環させている素晴らしい取組みです。ヨーロッパには国際河川がありますし、国境も頻繁に変わるので、このような仕組みができたのだと思います。

——藤木さんが思うフランスから日本が学ぶべき点はどこでしょうか。

　先ほど申し上げましたように、流域管理の面では学ぶべきことが非常に多いですね。

　さらに学ぶべき点を挙げるとすれば、事業の広域的な取組みでしょ

う。フランスには３万8,000ものコミューンと呼ばれる基礎自治体があり、その規模もまちまちです。今日本で課題となっている中小市町村の上下水道は、フランスでは広域連合体制度をうまく活用して運営されています。日本にも一部事務組合や広域連合の制度がありますので、フランスと同様にやればいいという声がありますが、市町村の事業には水源の選択を含めそれぞれ歴史的な経緯がありますので生易しいことではありません。むしろ複数の市町村が同じ民間企業に運営を委託する方が現実的かもしれません。市町村は共同で民間企業のパフォーマンスをモニタリングすることになります。

　私が理事を務める（一社）日本アセットマネジメント協会では、最近「実務者のためのアセットマネジメントプロセスと成熟度評価」という書籍を上梓しました。国内の事例等も参考にしながら、アセットマネジメントを行うために組織で確立すべき193のプロセスについて、どこまで完全に行われているかを３段階または５段階で評価するためのツールを示したものです。目標となる成熟度を要求水準に盛り込むことも有力な方法で、既にイギリスでは一部で行われています。PFIやコンセッションの民間事業者はもちろん、地方公共団体の皆様にも、アセットマネジメントのレベルアップを図ったり、パフォーマンスの高さを立証したりするために利用していただきたいと思っています。

　プリンシパル＝エージェントの問題への対処については、フランスでも研究されているはずです。フランスから学ぶだけではなく日本の方法も紹介し、共同研究のような取組みが行われるといいですね。
──ありがとうございました。

（令和元年９月に収録）

第**8**部 他の先進諸国における事業経営の特徴

　ここでは、フランスと同じ欧州の先進国であるイギリスとドイツの状況について、ポイントを絞って解説する。ドイツにおける事業運営手法や、「シュタットベルケ」を解説するとともに、イギリスにおける上下水道民営化をどう捉えるか、といった点をトピック的に取り上げる。

第1章 ドイツ

1. ドイツの基礎データ

　ドイツの国土面積は約35万km²であり、日本の約38万km²と同等である一方、人口は約8,218万人と日本より少ない。

　連邦制を採用するドイツの地方行政区分としては、それぞれ憲法を持つ連邦州としての州が全部で16州あり、そのうち都市州が３州（ベルリン、ハンブルグ、ブレーメン）である。その下に、402郡（295郡、107郡格市）、１万1092市町村の３階層で構成されている。

▌表8-1　ドイツ基礎データ

国土面積	35万7,385 km²
人口	約8,218万人（2018年１月１日）
１人当たりGDP	4,998,065円（2017年）
年間降雨量-ベルリン（2017）	797 mm
年間降雨量-ミュンヘン（2017）	754 mm
年間降雨量-フランクフルト（2017）	664 mm

州 (Länder)	16 (うち、都市州3 (ベルリン、ハンブルグ、ブレーメン))
郡 (Kreise) 　郡 　郡格市	402 (2017年) 295 (2017年) 107 (2017年)
市町村 (Gemeinden)	11,092

※換算レートは1ドル=112.19円 (2017年間平均相場) を適用。
出典:WorldAtlasCom. HPより、https://www.worldatlas.com/webimage/countrys/europe/de.htm
　　OECD HPより、https://www.oecd.org/cfe/regional-policy/Subnational-governments-in-OECD-Countries-Key-Data-2016.pdf
　　JETRO HPより、https://www.jetro.go.jp/world/europe/de/

2. 上下水道事業の概要

　ドイツの上下水道事業数は、6,900であり、水道普及率は99.3%、下水道処理人口普及率は96.9%である。全16州のうち、7州で下水道は概成しているが、旧東ドイツの州では比較的普及率が低い。また、下水道事業のうち、合流式下水道により整備された事業は全体の54%であり、旧東ドイツや北部州など、都市化・下水道整備が遅れた地区では、分流式下水道が普及している。

┃表8-2　ドイツの上下水道事業データ

項目	水道	下水道
水道事業体数/下水道事業体数[1]	43 (2013年)	43 (2013年)
給水区域内人口/下水道処理区域内人口	80,047,229人 (2013年)	78,057,696人 (2013年)
水道普及率/下水道普及率	99.3% (2013年)	96.9% (2013年)
1日平均配水量/日平均汚水量	13,833,014 m^3/日 (2013年)	27,591,189 m^3/日 (2013年)
水道管路総延長/下水道管きょ総延長	530,000 km (2013)	575,580 km (2013)
浄水場数/下水処理場数	15,964 (2013)	9,307 (2013)

1) 5万人以上に対してサービスを提供している事業体数。
出典:DWA. "Sewer Systems Wastewater Water Management International Special Edition 2016/17" 2017
　　Global Water Intelligence "Global Water Market 2017" 2017

3. 事業運営形態（下水道の例）

　ドイツにおける下水道事業の実施体制として、ドイツの下水道事業者は、2009年に制定された水管理法第56条に基づき、州法上の処理義務を負う公法上の法人が処理しなければならないとされているが、第三者への委託も認められている。

▌図8-1　ドイツ各州の下水道普及率

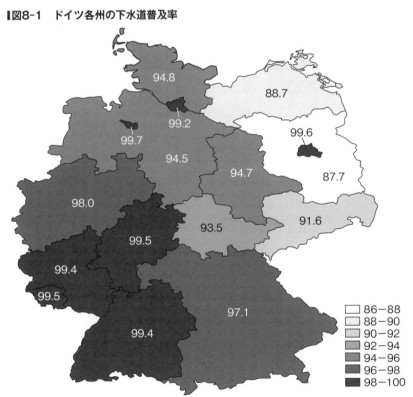

出典：DWA. "Sewer Systems Wastewater Water Management International Special Edition 2016/17" 2017

> ドイツ連邦水管理法　第56条　排水処理の義務
> 排水は、州法により義務づけられた公法上の法人（排水処理義務者）が処理しなければ
> ならない。州は、第1文の規定による排水処理義務者とは異なる者が排水処理の義務を
> 負う要件を定めることができる。排水処理義務者は、その義務を遂行するために、第三
> 者を使用することができる。

出典：渡辺富久子「ドイツの水管理法」（2012）

　これにより、各州が定めた法令の下、各市町村の責任に基づき、排水処理を実施するための行政の内部組織・事務組合・水組合等の公的組織が組成され、また民間事業者への委託など様々な形態で事業が実施されている。

　例えば、ドイツには、営造物法人という公法に基づく法人形態がある。営造物法人は、公営企業よりも自立性の高い形態であり、日本における地方独立行政法人に類似した形態ともいえる。現在、ベルリン市の上下水道事業運営は、東西ドイツ統一直後の1994年に設立されたベルリン上下水道公社（Bernliner Wasserbetriebe、BWB）が運営しており、同社は営造物法人である。

　表8-3は、下水道事業者の組織形態と人口別の割合を示したものである。表8-3からドイツでは、必ずしも多くはないが、私法上の法人

┃表8-3　人口別の下水道事業者の組織形態

	1997	2002	2003	2005
官庁企業 （Regiebetrieb）	44%	23%	20%	15%
公営企業 （Eigenbetrieb）	30%	43%	43%	36%
営造物法人 （Anstalt des öffentichen Rechts）	14%	16%	17%	17%
目的組合 （Zweckverband）	4%	13%	12.5%	28%
私法上の法人 （株式会社(AG)、有限会社(GmbH)、有限合 資会社(GmbH Co&KG)など）	8%	5%	7.5%	4%

出典：The Water Sector in Germany_ Universität München, Deutschland を基に作成

による運営も存在し、また、一定の比率で、営造物法人による運営が存在していることが分かる。営造物法人は、公的な運営形態ながらも、地方公共団体そのものからは独立した運営方法も選択されている点で、日本にとっても参考になるものといえるだろう。

4. シュタットベルケにみる公共性と効率性の両立

　フランスの上下水道事業運営は、個々の経営実態や課題等の背景事情に合わせて、官と民それぞれの強みを活かし、多様な組織形態、広域的運用が選択されてきている。上下水道は、地方公共団体が担う地域公共サービスであり、他の地域公共サービス、地域経済、都市計画・まちづくりなど様々な事業や仕組みと関係するものである。

　上下水道を含めた地域公共インフラ経営のあり方として、ガバナンス（公共性）と民の力（効率性）の両立を実現したドイツのシュタットベルケに着目したい。

（ア）シュタットベルケは都市のサービスを担う

　シュタットベルケは、シュタット（都市、市、町等）とベルケ（仕事、作業等）が指すとおり、ドイツの基礎自治体が担うこととされる様々な公共インフラ事業を手掛ける地方公共団体出資会社である。シュタットベルケが行う事業には、電気・ガス・熱等のエネルギーや上下水道、交通等のハード・インフラに加えて、廃棄物やスポーツ（プール等）関連事業などのソフト・インフラも含まれている。

　エネルギーや上下水道はいわゆる収益事業であり、民間事業者の参入も見込まれる分野であるが、地域交通やプールなどは非収益事業であり民間事業者は限定された範囲の業務しか実施せず、効率化等への期待が乏しくなってしまう。このため、シュタットベルケによって各種ハード・ソフトを含めた「地域公共インフラ」を包括的に運営する

ことで、地方公共団体は効率化を実現し、市民に対する低廉かつ持続的なサービス提供につなげている。日本でも上下水道事業では包括委託の導入が進められているが、シュタットベルケでは分野を超えて包括的に1つの主体が事業を担うことで、管理業務の共通化を実現し、縦割り予算に縛られずに埋設施設を共同施工することが可能となっている。電気・ガス・熱・水道を一体経営しているシュタットベルケでは、1つの中央監視室に全ての監視画面が集約され、少数の運転員によって複数インフラにおける日々の監視オペレーションが実施されているようなケースもある。

　現在、ドイツ国内ではこのような地域公共インフラを担う企業が約7,000社存在している。なお、「シュタットベルケ」を定義する法令はなく、私法上の収益を目的とする会社形態を活用し、事業に何を含めるかは、地方公共団体の個別事情を勘案したものとなっている。

（イ）公共性と効率性を両立するシュタットベルケ

　地方公共団体により事業内容や規模が異なるシュタットベルケだが、広く共通する点に関して、地方公共団体のサービスとしての公共性を担保しつつ、効率性実現のための民間経営力を発揮する仕組みがある。

　まずシュタットベルケは、地方公共団体が多数出資し、定款等に地方公共団体側の権限を規定するなど、公共の監督を重視しているケースがほとんどである。フランスのSEMOPは民間が多数出資することが通例である点で若干相違するが、いずれにしても、民間の柔軟な経営方式を活かしつつ、地方公共団体が出資することで監視、ガバナンスを高めるという狙いは、共通するようである。

　また、会社組織を見ていくと、ドイツでは監査役（日本での取締役の監督機能に相当）は地方公共団体の首長や議員等から選任され、こ

の監査役が経営の執行を担う役員の選解任権を持つことが定款等で定められている。同じような仕組みは、日本の会社法で指名委員会等設置会社として制度化されている。ドイツ会社法に共通する仕組みのようだが、監督と執行の機能が分離されているという点がポイントである。

その上で、経営監督機能から分離された経営執行機能について、シュタットベルケでは、民間経営のプロが規律を持って担っている。シュタットベルケは、一般の民間企業と変わらず、会社として収益を出すことが求められているため、執行役員には経営のプロが公募によって選ばれている。経営者手腕によって、事業展開は大きく変わり、通信事業などの新規投資も手掛けるシュタットベルケもある。また、将来の排ガス規制などを見据えて、電気充電スタンドの設置などに乗り出す企業もある。

なお、シュタットベルケと執行役員との間では公共性と効率性の両面から経営・業務の指標が定められ、達成した場合のインセンティブの設定や、達成できなかった場合は解任も可能となっている。このように専門家に経営を任せつつ、しっかりと規律を働かせる仕組みを合わせ持つこともシュタットベルケに共通している。

（ウ）日本でもシュタットベルケは導入可能か

日本では、公営ガス事業のコンセッションに一部水道事業の維持管理業務を附帯した事業が大津市でスタートし、運営会社には地方公共団体からの出資もされている。また、電力小売の自由化を契機に、地方公共団体による新電力を中心とした日本版シュタットベルケが各地で設立され始めており、日本でもシュタットベルケの姿の模索が始まったといえる。

今はエネルギー分野が中心だが、シュタットベルケによる上下水道

事業を含めた地域公共サービス運営や公共施設管理も今後の一つの選択肢となり得るかもしれない。そうした可能性も考えると上下水道運営はもとより、その枠も超えた「地域公共サービス」の経営の意欲と能力のある人材を各地域に育てなければならない。また、分野横断の取組みが各インフラの持続可能性にどのような好影響を与えるのかをより一層明らかにする必要がある。

　日本では、地方公共団体出資会社はかつての第 3 セクターの失敗等で語られるように、必ずしも住民にとって良い印象ばかりではない。導入に当たっては、この失敗を教訓とし、ドイツの制度・仕組みを参考にしつつ、日本の実状に即した制度導入が重要である。

第2章　イギリス

1.　イギリスの基礎データ

　イギリスはイングランド、ウェールズ、スコットランド、北アイルランドの4つの非独立国から構成されており、特にイングランドおよびウェールズに人口の90%以上が集中している。国土面積は約24万m^{2}と日本より小さく、人口も6,604万人と日本の約半分である。

　上下水道事業の観点からは、イングランドおよびウェールズ、スコット、北アイルランドの3つに大別され、イングランドおよびウェールズは完全民営化されており、スコットランドと北アイルランドは公社により運営されている。

　本章では、イギリスとはイングランド・スコットランド・ウェールズおよび北アイルランドを指す。また、イングランドおよびウェールズに限定する場合には、イングランド・ウェールズとする。

┃表8-4　イギリス基礎データ

国土面積	24.3万 km^2
人口	6,604万人（2017年）
－ イングランド	5,562万人（84.2%）
－ スコットランド	524万人（8.2%）
－ ウェールズ	313万人（4.7%）
－ 北アイルランド	187万人（2.8%）
1人当たりGDP	42,514 US $（2017年）
年間降雨量	
－ イングランド南東部	787.6 mm（1981〜2010年平均）
－ グリニッジ（ロンドン郊外）	557.4 mm（1981〜2010年平均）

出典：Office for National Statistics を基に作成

2. 上下水道事業の概要

　ここで下水道事業を例にとってみると、イギリスの下水道処理人口普及率は98%に達しており、下水道の整備はおおむね完了している。

　処理レベル・処理規模別の下水処理場数を整理する。標準水域は827カ所（淡水・河口710カ所、海岸117カ所）、重要水域は1,050カ所（淡水・河口1,042カ所、海岸8カ所）である。

　処理人口区分でみると、10,000人未満の小規模処理場が1,043カ所と全体の55%を占めており、150,001人以上の中・大規模処理場は81カ所にとどまる。一方で、総処理人口では150,001人以上の中・大規模処理場が51%と半数以上を占めている。

┃表8-5　イギリスの上下水道事業データ

項目	水道	下水道
水道事業体数/下水道事業体数[1]	20 （2013年）	12 （2013年）
給水区域内人口/下水道処理区域内人口	63,369,872人 （2013年）	62,814,578人 （2013年）
水道普及率/下水道普及率	98.9% （2013年）	98.0% （2013年）
1日平均配水量/日平均汚水量	16,625,883 m^3/日 （2011年）	20,776,739 m^3/日 （2013年）
上水道管路総延長/下水道管きょ総延長	382,959 km （2013）	342,450 km （2013）
浄水場数/下水処理場数	1,529 （2014）	8,049 （2013）

1）30万人以上に対してサービスを提供している事業体数。下水道サービスを提供している12の事業体は、水道サービスも提供している。
出典：Global Water Intelligence "Global Water Market 2017" を基に作成

■表8-6　イギリスの処理レベル・処理規模別の下水処理場数

排水エリア区分	標準水域				高度処理を行うべき重要水域			
	淡水・河口		海岸		淡水・河口		海岸	
処理人口区分	箇所数	人口ベース(t.p.e)	箇所数	人口ベース(t.p.e)	箇所数	人口ベース(t.p.e)	箇所数	人口ベース(t.p.e)
2,000〜10,000	422	1,864,711	26	127,998	594	2,633,252	1	0
10,001〜15,000	65	802,656	16	194,730	110	1,337,733	0	0
15,001〜150,000	190	9,288,321	65	3,833,156	302	13,323,442	5	272,237
150,001 以上	33	18,695,462	10	2,993,388	36	12,987,085	2	724,478
合計	710	30,651,150	117	7,149,272	1,042	30,281,512	8	996,715

非重要水域				合計	
淡水・河口		海岸			
箇所数	人口ベース(t.p.e)	箇所数	人口ベース(t.p.e)	箇所数	総処理可能人口(t.p.e)
–	–	–	–	1,043	4,625,961
–	–	–	–	191	2,335,119
–	–	–	–	562	26,717,156
–	–	–	–	81	35,400,413
0	0	0	0	1,877	69,078,649

※t.p.e：total population equivalent（総人口相当）
出典：Waste water treatment in the United Kingdom -2012_ Department for Environment, Food and Rural Affairs

3. イングランド・ウェールズにおける上下水道事業民営化とその評価

（ア）上下水道事業民営化の変遷

　イングランド・ウェールズの上下水道事業は、サッチャー政権における経済政策の一環で、他の通信、電力およびガスなどの公共サービスと同様に、1989年の水法改正を経て完全民営化されている。

　最初の水法は、1945年に制定された。制定時は、小規模な水道事業者（Water Undertakers）の統合再編が課題であった。これにより20世紀当初、2,160存在した水道事業者は1963年には100水道事務組合、

┃表8-7　イングランド・ウェールズにおける民営化に係る法律の変遷

年代	関係法令等	内容
1945	水法の制定 Water Act	・小規模な水道事業者の統合再編を目的 ・20世紀当初2,160存在した水道事業者は1963年に100水道事業組合、50自治体水道、29民間水道会社へ減少 ・民間水道会社による給水人口は全人口の4分の1
1973	水法の改正	・河川局および水資源委員会、150水道事業および1,300下水道事業が10の地域水管理公社（Regional Water Authorities、RWA）に統合された。 ・公社の役割はそれぞれの河川流域ごとに全ての水利用者を一元的に管理する権限を有する。
1983	水法の改正	・公社の組織、構造が変更され、地方公共団体は水管理公社における代表者出席の役割を制限され、代わって経験豊かな企業経営者など民間理事の選出に道が開かれ、理事会は非公開となった。 ・これに伴う代替組織として、各公社に対して消費者委員会（Customer Consultative Committee）が設置されている。
1989	水法の改正	・1989年11月、10水管理公社は完全民営化へ移行された。 ・規制機関として同時に、水事業規制局（Ofwat）、飲用水検査官事務所（DWI）などが整備された。
1991	水産業法の制定 Water Industry Act	・上下水道会社の権限や上下水道サービスの基本的な枠組みを定めた法律。1989年水法で設置されたOfwatの機能の詳細についても規定
1991	水源法の改正 Water Resource Act	・国家河川局（National Rivers Authority）の新設に関し規定したほか、水資源管理や水質レベル、汚染の管理に関する枠組みを導入
1995	環境法の制定 Environment Act	・環境庁（Environment Agency）の設立および同庁への国家河川局の業務の移管について規定

50地方公共団体水道、29民間水道会社へと減少している。この時点での民間水道会社による給水人口は全人口の1／4に達している。

　その後の1973年の水法の改正においては、150の水道事業および1,300の下水道事業が10の地域水管理公社（Regional Water Authorities, RWA）に統合された。RWAは、それぞれの河川流域ごとに全ての水利用者を一元的に管理する権限を有していた。また、1983年の水法の改正においては、RWAの組織、構造が変更され、地方公共団体は水管理公社における代表者出席の割合を制限されるようになり、経験豊富な企業経営者など民間理事の選出に道が開かれるよ

うになった。これに伴う措置として、各公社に対して消費者委員会
（Customer Consultative Committee）が設置された。

　そして、1989年の完全民営化に伴って、上下水道事業の認可および
料金上限の規制を担うDirector General of Water Services（通称オフ
ワット、Ofwat）や飲料水水質の検査監督を担う飲用水検査官事務所
（Drinking Water Inspectorate）の設置が行われている。

　その後、上下水道の基本となる法律である1991年の水産業法では、
上下水道会社の権限や上下水道サービスの基本的な枠組みとして、水
消費者委員会（Consumer Council for Water、CC Water）を設置し
ている。また同法では、1989年の水法で設置されたOfwatの機能の詳
細についても規定している。

　同じく1991年に制定された水資源法では、国家河川局（National
Rivers Authority）の新設に関して規定したほか、水資源管理や水
質レベル、汚染の管理に関する枠組みの導入を定めている。加えて、
1995年の環境法では、環境庁（Environment Agency）の設立、およ
び同庁への国家河川局の業務の移管について規定している。

（イ）上下水道事業の関係組織

　イングランド・ウェールズの上下水道事業において、料金などを規
制するのはOfwatである。環境・食料・農村省（Defra）はOfwatのボー
ドメンバーの任命権を持つものの、Ofwatは独立した規制機関であ
る。この他、環境庁による排水規制、カスタマーサービスの観点等、
様々な規制監督の仕組みがとられている。

　イングランド・ウェールズの上下水道事業の運営を担うのは、民間
の上下水道会社である。上下水道会社で最も大きい会社は、ロンドン
市を管轄するテムズ・ウォーター（Thames Water）社である。

図8-2　規制機関の構図

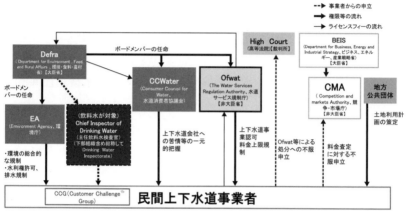

出典：Defra（2015）

表8-8　イングランド・ウェールズの上下水道会社

会社名	実施事業
アングリアン・ウォーター（Anglian Water）社	上下水道
ドゥール・カムリ（Dwr Cymru）社	上下水道
ノーザンブリアン・ウォーター（Northumbrian Water）社	上下水道
セヴン・トレント・ウォーター（Severn Trent Water）社	上下水道
サザン・ウォーター（Southern Water）社	上下水道
サウス・ウェスト・ウォーター（South West Water）社	上下水道
テムズ・ウォーター（Thames Water）社	上下水道
ユナイテッド・ユーティリティーズ（United Utilities）社	上下水道
ウェセックス・ウォーター（Wessex Water）社	上下水道
ヨークシャー・ウォーター（Yorkshire Water）社	上下水道
アフィニティ・ウォーター（Affinity Water）社	水道のみ
ブリストル・ウォーター（Bristol Water）社	水道のみ
ポーツマス・ウォーター（Portsmouth Water）社	水道のみ
サウス・イースト・ウォーター（South East Water）社	水道のみ
サウス・スタッドフォードシャー・ウォーター（South Staffordshire Water）社	水道のみ
サットン・アンド・イースト・サリー・ウォーター（Sutton and East Surrey Water）社	水道のみ

（ウ）水道事業民営化の評価

　まず、民営化によって達成されたことについて、Water UK（イングランド・スコットランド・ウェールズおよび北アイルランドの全ての主要な法定水道および下水道サービス事業者を代表する会員組織）が図8-3のとおりまとめている。CamRes（イギリス世論調査評議会のメンバー）によって、2,051人を対象とした調査を行った結果、86％が上下水道会社を信頼していると答えている。

　次に、投資の面では、Ofwatのキース・メイソン専務理事によると、民営化前の投資水準は、公共による資金調達を制限していたため、低い水準であった。しかし、民営化によって民間企業が自ら資金調達を行うことができるようになったため、図8-4のとおり、急激に投資が上昇している。Water UKによると、イングランド・ウェールズでは、民営化後、水道管、ポンプ工場、下水管、下水処理場などの更新に際して、1,500億ポンドの投資を行っているとされている。

　この投資促進による効果として、処理水質や漏水量について改善がみられる。水質の改善については、検査合格率が、99％台前半から後

┃図8-3　Water UKが公表した上下水道会社に対する利用者の信頼

86%
水会社を信用している
人の割合

89%
水会社が良好な水質の水を
供給していると信用している
人の割合

87%
水会社が信頼できる
サービスを提供していると
信用している人の割合

86%
水会社が下水を排除し
責任持って処理していると
信用している人の割合

77%
水会社が水漏れを修理
していると信用している
人の割合

74%
水会社が適切な税金を
支払っていると信用している
人の割合

75%
水会社が環境を保護・
改善していると
信用している人の割合

68%
水会社が水のネットワークに
対して十分な投資をしていると
信用している人の割合

68%
水会社が価値を提供
していると信用している
人の割合

出典：https://www.working4water.org.uk/

▌図8-4 イギリスにおける投資水準の推移

出典：Ofwat提供資料

▌図8-5 水道水質試験の合格率

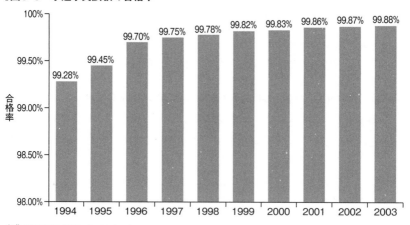

出典：Drinking Water Inspectorate

半に上昇した。漏水量については、1994年度の漏水が１日当たり約5000tに対して、2000年度には１日当たり約3000tまで減少している。また、河川の水質が改善したという報告もある。

■図8-6 全国の水道漏水量の推移

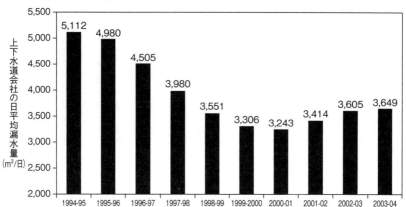

出典：Ofwat（2006）, The development of the water industry in England and Wales

　サービス面では、利用者に対する断水の影響を１／５にできたこと、汚水の流出の影響を１／８にできたこと、また水圧低下を受けた利用者数を１／100にできたことなどを成果として挙げている。この他に、上下水道会社は1990年代に比べて漏水を１／３にできたこと、水質が劇的に改善した（1990年代前半は99.5％未満だったものが、約99.9％まで改善）ことなどを示している（Economic Regulation of Water Markets Beyond 2020（Ofwat, 2017））。

　料金面では、Ofwatによると、Ofwatが実施するプライスレビューの仕組み等による効率性確保・向上策によって、上下水道料金は120ポンド/年の抑制効果が働いているとされている。Ofwatは、HPにおいて、表8-9のような問答形式で規制の効果を説明している。

　Ofwatによるプライスレビュー（2014年度）では、厳しい査定がなされており、結果的に各社の査定結果はマイナス査定（2014年度の料金から値下げ）となっている（表8-10）。

　上下水道会社各社の料金推移を分析したイギリス議会のレポートによると、上下水道料金は1989年の民営化から2000年頃までは上昇を続

■表8-9　Ofwatによる規制の効果

各事業者が責務を果たし、顧客へのサービスを改善させるために、Ofwatはどのような取組みをしているのでしょうか？
・私達の役割は顧客を保護することです。これはプライスレビューで約束されたアウトプットを確実に達成することを含みます。私達は、環境庁や飲料水検査官事務所の関連する規制当局と協働しています。
・また、私達は会社の業績を十分にモニタリングします。そして民営化以来、1,080億ポンドもの上下水道への投資が納税者への負担転嫁なしで実行される過程も監督してきました。このことは顧客に対して、下記を含む、多大なる利益をもたらしました。
　　・1990年代のピークと比べて、漏水を1/3減少
　　・**料金水準を、Ofwatによる規制がなかった場合と比較して、120ポンド/年抑制**
　　・良好な水道水質の実現
・仮に事業者が責務を果たしていない場合には、規制当局として必要な措置をとり、顧客の利益を保護します。過去5年間で、業績が良好ではない事業者に対して、5億ポンドに相当する追加投資または値下げを行わせました。

出典：Ofwat HP

■表8-10　プライスレビュー14による上下水道会社の上下水道料金平均値の変化

プライスレビュー14におけるOfwatの最終決定				2013年12月各社申請値
会社名	14年度実績	19年度見込	5年変化率	5年変化率
全国平均（イングランド・ウェールズ）	£396	£376	△5％	△2％
Anglian	£431	£390	△10％	△8％
Dŵr Cymru	£440	£416	△5％	△4％
Northumbrian (including Essex & Suffolk)	£388	£382	△1％	0％
Severn Trent	£333	£316	△5％	△4％
Southern	£437	£403	△8％	△2％
South West	£545	£506	△7％	△4％
Thames	£370	£353	△5％	3％
United Utilities	£410	£398	△3％	0％
Wessex	£485	£442	△9％	△4％
Yorkshire	£373	£361	△3％	△1％

プライスレビュー14におけるOfwatの最終決定				2013年12月各社申請値
会社名	14年度実績	19年度見込	5年変化率	5年変化率
Affinity	£176	£163	△7％	△4％
Bristol	£202	£160	△21％	1％
Dee Valley	£152	£149	△2％	8％
Portsmouth	£97	£96	△1％	△1％
SembCorp Bournemouth	£153	£134	△12％	△6％
South East	£201	£194	△3％	3％
South Staffs (including Cambridge)	£141	£135	△4％	2％
Sutton and East Surrey	£186	£180	△3％	△5％

出典：両表ともOfwatプレスリリース

▌図8-7　世帯収入、上下水道料金、ガス料金、電気料金等の変動

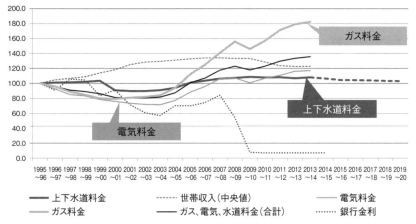

出典：Ofwat (2015)、Beesley lecture 15 October 2015 The evolution of the regulatory model in water
Cathryn Ross, Chief Executive

け、その後は横ばいまたは低下傾向になることが読み取れる。民営化
直後は老朽・低品質のインフラを改善する投資がなされたため値上げ
がされたものの、その後はOfwatの規制により抑制されているものと
考えられる。また、1995年度から現在の各種インフラ料金の推移をみ
ると、電気、ガスと比較して上下水道料金の上昇率は低くなってい
る。ただし、世帯収入の中間値も近年減少傾向にあることから、今後
も家計の負担に対して適切な料金水準にすること（Affordability）を
考慮することが重要となっている。

　今日、水道事業の再国営化を主張する議論がある。主張の論拠とし
ては、民営化後の水道料金の高騰、国民による水道再国営化の要望、
CEOなど経営幹部の高収益体質といったものが挙げられる。

国・時代・地域の個性から 運営手法を検討

早稲田大学准教授、水循環システム研究所主任研究員　佐藤裕弥

■ 略 歴

㈱浜銀総合研究所にて、26年にわたり全国の上下水道分野のPPP/PFIアドバイザリー業務などを担当。その間、地方公共団体金融機構の公営企業アドバイザー、カンボジア水道整備に関するJICA専門家、総務省自治大学校講師、法政大学大学院客員教授などを経て、現在、早稲田大学研究院にて上下水道事業の経済・経営学的研究を専門としている。厚生労働省（2017、2018年）「水道事業等における公共施設等運営事業の実施に関する勉強会」副座長などを務める。また、北九州市海外水ビジネス推進協議会の副会長として、上下水道分野の国際展開を担当している。近著として『新しい上下水道事業』（中央経済社、2018年）がある。

制度・運用上の問題研究から実務上の課題解決へ

――まず、水循環システム研究所の社会的役割と佐藤さんの研究内容について教えてください。

　早稲田大学水循環システム研究所は、上下水道事業が抱える諸問題について、「上下水道事業の効率化」、「広域化」、「コンセッション」、「事業評価」、「国際展開」などをキーコンセプトに社会科学的および

工学的な研究を進めています。政策提言を行うことによって、上下水道業界の発展に貢献するために、平成29年に設立されました。

　日本の上下水道の仕組みは、経営形態、地方自治制度との関係、整備された施設の水準の高さなど、世界的にみても稀有なものといってよいでしょう。

　しかし現在、施設老朽化に伴う再構築の時代を迎えています。過去に先進国が経験したことのない「人口減少社会」という中で、上下水道事業を持続していかなければなりません。

　その中で私は、持続可能な上下水道事業を実現するため、制度上・運用上の問題から研究を進め、実務上の課題解決に取り組んでいます。例えば、経済的規制の側面からは、参入・退出規制としての民間参入のあり方や料金規制の見直し、料金算定と地方公営企業会計制度の適正化などにも取り組んでいます。

　そうした中で、経済制度の見直しも必要に応じて研究しています。もちろん水道法や下水道法などの法律が頻繁に改正されるような状況は好ましいものではありませんが、「適正な経済制度が、経済成果の効率性を促す」ことを考えれば、必然的に法制度改革も追究していかなければなりません。

改正水道法に見る日本の道筋

――改正水道法が令和元年10月に施行されましたが、特に佐藤さんが重要視されている部分を教えてください。

　今回の改正水道法で注目すべき点は、資産管理だと考えています。そもそも水道は施設を基礎とした事業である以上、施設すなわち資産の保有状態と維持管理の状況が経営の良否に関わってくることから、アセットマネジメントによる経営管理手法の導入が必須だと思われま

す。しかし、歴史的に資産が適正に管理されていなかったこともある
ため、今後は適切な資産管理を推進していくべきです。これに加えて
官民連携や広域連携を推進していくのが良いと思われます。

　資産管理の方法としては、水道施設台帳の作成と保管が求められま
す。このデータを活用することで、アセットマネジメント計画と連関
させることができ、健全な経営へとつながることが期待されます。

**——官民連携、広域化は水循環システム研究所での研究課題にも当た
ると思います。まず、官民連携についてはどのように考えられます
か？**

　水道経営の形態は大きく、フランスに代表されるコンセッションモ
デル、イギリスに代表される完全民営化モデル、日本と類似したドイ
ツの各市町村単位を基礎としながらも多様な給水・排水サービスを行
う地方公共団体経営モデルの３形態に分けられます。

　例えばイギリスは新自由主義の観点から徹底的な民営化政策が行わ
れ、その一つとして水道事業も民営化されました。しかし、民営化以
前の1970年代に、10の「水管理公社」に統合・再編成されており、民
営化の前段階として水道広域化が達成されています。つまり、完全民
営化が一定の経済成果を上げていくためには、一定規模の経営組織へ
の集約・統合が必要である、ということを示唆しているともいえそう
です。

　イギリスの水道完全民営化に対しては、その後に料金が高騰したこ
となどもあって、批判を受けました。これは確かに事実ですが、それ
に合わせて施設整備や水質改善が進んだことも同じく事実です。両面
に目を向けて判断しないと、完全民営化モデルの適正な評価はできな
いでしょう。なお私自身は、現在の日本が参考とすべきは、イギリス
が完全民営化以前に行った水道広域化政策の実現ではないかと思って
います。

また、ドイツは地方自治制度と密接に結びついた地方公共団体経営モデルを採用しています。そこでは水道や下水道といった事業単位ではなく、ゴミ処理や電気事業などとも結びついた公益事業として認識している点、すなわち一定の幅を持った事業領域単位で考えられている点で興味深いと思います。

　要するに、上下水道事業の制度は国によって異なり、一概にそれぞれの良否を二元論的な発想から断定的に判断することはできません。判断するために参考とすべき着眼点は、歴史的な経路であると考えられます。

　このような視点を欠いたまま日本の水道法改正に対する議論が錯綜したことから、コンセッションへの反対意見なども多く見られました。コンセッション方式が、日本に適合性があるか否かを判断するためには、日本とフランスの歴史的経路の違いを知ることが必要でしょう。

　フランスでの水道のコンセッションは1853年にリヨン市で始まりましたが、これは当時のファイナンス事情によるものです。公的資金よりも民間金融機関の方が資金調達に有利であったため、民間経営による水道事業が開始されたということに過ぎません。

　これに対して日本では当初、水道条例制定時の議論として私営水道による水道事業を開始する見解もあり、それを受けて民営による水道事業の開始が閣議決定されることとなりました。しかし、水道料金が高騰することなどから反対運動が起こり、明治23年（1890年）に元老院が閣議決定の内容を方向転換し、水道条例は市町村公営限定主義となりました。これが市町村経営原則の源流であり、日本の水道事業は施設整備財源を全て公的資金で資金調達することによって、市町村による経営が行われました。したがって、現時点での水道経営手法だけを切り取って、フランスと日本の両者の水道経営モデルを単純に比

較・評価しても、適正な判断はできません。

　このように、フランスと日本、イギリス、ドイツでも水道事業の成り立ちが異なります。こうした比較研究をした上で、どのモデルを選択するか、また新たなモデルを構築すべきか等を検討するべきだと思います。

　また、その地方公共団体が抱える時代背景が拡張なのか、管理なのか、再構築なのかによって、合理的な水道の経営形態は異なってきます。国内の状況を見ると、事業開始から一定の時間が経過したことから老朽化施設の再構築に悩む地方公共団体がある一方で、後発で整備に着手し、拡張・維持管理に取り組んでいる地方公共団体もある等、国内でも温度差があります。

　さらに、問題に直面する順序も今と昔では違います。昔の拡張の時代は大都市が住民の給水需要にいかに応えていくか、といった水需要の増大への対応が喫緊の課題だったため、大都市から課題解決の必要性に直面してきました。ところが、現在は経営規模の小さな地方公共団体が人口減少や財政縮小といった大きな経営課題に直面しながら、持続しなければならず、過去の課題とは大きく異なります。すなわち中小規模の団体が先んじて課題解決を急がなければならない状況に置かれています。

　また、地域によっても課題解決方法が異なります。大都市と人口減少が著しく進む限界集落のような地方公共団体の問題を、日本の課題と大きくひと纏めにして検討し将来を展望したとしても、個別の団体の課題解決にはつながりません。

　給水人口の少ない小規模の地方公共団体ほど、経営課題解決のために、早く広域化や官民連携を導入し、一刻も早く改革を進めなければなりません。これに対して、大都市は時間に余裕をもって検討することができます。

このように、水道経営は「国によって、時代によって、地域によって」異なることから、それに合わせた給水サービスの提供を考えていく必要があります。

官民連携を行う際の具体手法

——究極論で言えば、中小の地方公共団体の将来を考えると、官民連携も一つの手と考えられるかと思いますが。

水道事業は公営であれ、民営であれ、一定の資金を調達して施設整備を行い、その対価として水道施設の使用料である水道料金を得るという構造は変わりません。公営対民営といった側面から経営主体を議論するのではなく、水道を事業として持続できるような枠組みを追求する観点からの議論が重要です。そうした観点からは、官民連携の実現の方が有効とも考えられます。官民連携の適切な契約構造の構築を進めていくことが、より実効性が高く、現実的な解決につながるものと思います。

もちろん官民連携が合理的・効率的に機能するためには、その前提として水道事業が一定の経営規模となっていることが必要とされるので、水道広域化と官民連携を組み合わせて、課題解決を考えるべきでしょう。

このほか、日本では地方債という資金調達手法が制度化されており、低利かつ長期にわたる資金が調達できる点で、他の国には見られないメリットがあります。PPP/PFI手法を活用した水道分野の官民連携の推進においては、資金調達におけるメリットやデメリットなどにも目配りしながら、効果的な手法を選択していくことが適当でしょう。

——担い手が官でも民でもということであれば、要求水準やサービスレベルを保つ方法を、どう考えていくかといった議論が必要ではないでしょうか。

要求水準や契約構造の議論はパフォーマンスに直結するため、PPP/PFIの推進においては非常に重要な議論です。そこでは契約の最適化が望まれますが、現実的には完全な契約はあり得ないという前提で考えていくべきでしょう。

例えば諸外国でのコンセッションの場合には、非公開の場で契約交渉や契約内容の変更が行われています。世間が知らないうちに当初契約の条件が変更される等、コンセッション契約が透明化されていないと批判を受けたことがありました。

もちろん不透明な契約変更は大きな問題です。しかし、私は再交渉を一切認めないことにも問題があると思います。再交渉は何も民間企業が一方的に有利になるように働きかけるだけではなく、状況によっては、行政から民間に対して、さらに追加投資を促すように要求をする場合もあると思います。このような契約再交渉は水道利用者の利益を守るものです。

したがって、問題として捉えるべきは、再交渉の進め方であって、その際の透明性を高めることです。さらに再交渉による契約変更によって得られる社会的便益についても検討すべきです。契約の透明性を高めるためにはモニタリング手法の仕組みを併せて考えておく必要があります。

——ありがとうございました。

（令和元年9月に収録）

第9部 日本の上下水道事業への示唆

　本書ではここまで、基本となる制度、財政、料金、組織体制、官民連携、水メジャーや再公営化など様々な側面からフランスの上下水道事業を解説してきた。第9部では総括を行うとともに、フランスの上下水道事業を日本の上下水道事業と対比的に見たときにPPPについて日本で活かす方法を考える。

● **持続的な財政支援制度を中長期的にどう構想するか**

　財務省、国土交通省、総務省の審議会等では、持続的な下水道事業のための財政制度について議論が行われてきている。こうした議論の中では、フランスの事業運営手法もしばしば取り上げられる。フランスでは、「水に要する費用は水料金で賄われる」原則の下、流域単位で存在する水管理庁が、水環境を目的とするルドヴァンスと呼ばれる目的税的賦課金を市民から徴収し、新設・改築に関わらず、流域内の地方公共団体に再配分する財政調整制度が機能していることが分かった。そして、この財源は水環境保全への公的役割の大きい下水道事業に主に配分されるなど、水環境保全という目的に立脚して制度が設計され運用されていた。

　そこで日本の状況をどう考えるか。まず水環境保全のために、公共性の高い水関連インフラに対する、国費による補助制度を堅持していくことが重要であることは変わらない。ただ、それとともに、中長期的な視点では、目的税的賦課金による流域や地域内の財政循環という議論が国民の水環境保全への関心や投資の優先順位にどのような影響

をもたらすのか、一考に値するだろう。現在採用されている日本の上
下水道事業における財政再配分制度は、全国レベルで一般的な諸税が
基となり、国費として再配分される仕組みだが、目的税的賦課金の仕
組みはそれとは異なる効果が期待できる可能性がある。例えば、フラ
ンスの水管理庁の意思決定機関に当たる流域委員会は、地域の政治
家、国・地方の行政、様々な分野の水の使用者などが集い、各流域の
水環境のあり方を決める仕組みだ。こうすることで、地域単位での
様々な事情（財政状況や環境保全の重要性に応じた施設の機能アップ
のための投資など）に応じた賦課金率の設定や、きめ細かな配分のポ
リシーも地域ごとに考えることができるようになる。いずれにして
も、国民の財産であり、一度、汚してしまったら回復するまでに大き
な投資と時間が必要となる水環境を持続的に保全する仕組みについ
て、改めて考える必要がある。

● 　料金制度をどう考えるか
　フランスと日本の上下水道料金の制度は対極にあるともいえる。と
りわけ料金体系の観点では、元々逓増料金制を制度上採用していな
かったフランスと、歴史的に供給不足から水資源の使用抑制の考え方
に基づき逓増料金制を採用している事業が多い日本では大きく前提条
件が異なっている。日本は料金水準が低すぎるため、さらに引き上げ
るべき、という意見もあるが、かたや逓増制の料金体系の下で多量使
用者の超過負担が存在していることもあり、全体で見たときに著しく
日本の料金水準が低いともいえない。このように制度を十分に踏まえ
た比較が不可欠である。

● 目指すべき広域化の姿に加えて、到達方法と必須条件について考える

　フランスでは、基礎的な地方公共団体であるコミューンの規模が小さく、効率性を高めるため、元々事務組合や広域連合体の組成による広域的な事業実施が歴史的に推進されてきたという経緯がある。市町村合併による事業統合をしてきた日本とは、その点で方向性が相違している。日本の上下水道政策においても、広域化を図るべく、改正水道法では都道府県による協議会の設置が可能となり、下水道事業でも2022年度までに全都道府県で広域化計画を策定する方針である。そうした状況下で、フランスにおいてはノートル法により、広域化完了（コミューンから広域連合体への権限移譲）の期限を切るという強い規制的手法が導入されたのである。

　上下水道ともに広域化推進策の強化が図られた日本においては、現時点で直ちに、フランスのような強い規制的手法が馴染むとは思わない。国は、財政支援、先進事例の育成等の促進策を次々と推進しているが、トリガーは長期的視点（30年間など）に立った地方公共団体トップが危機感を共有した時だろう。料金格差などの様々な障壁を乗り越えて上下水道事業を広域化することが真に効率的な事業を創出する、となった時に都道府県や核となる都市の覚悟とリーダーシップが求められるのである。フランスでは、広域連合体の制度設計の制約から、事実上サービス人口が1.5万人以上になるように広域化の最低規模のラインが存在している。こうした閾値を日本でも念頭に置くといった議論が今後はあっても良いだろう。

● PPPの導入目的と背景の違い

　フランスではDSP方式の多くは、大規模改築等は民間事業者が行わない「需要連動型・設備改良附属型包括委託」といえるアフェルマー

ジュである。そして、日本では再公営化が加速しているかのような報道等もあったが、地方公共団体による運営とDSPによる民間事業者による運営の割合はほぼ一定で推移していて、その中のごく一部の事業が官から民へ、民から官へと移行していた。そして、民から官へと動く選択をした事業は、EPIC、すなわち商工業的工施設法人として歩み始めたり、地域の受け皿となる公共100％出資会社（地方公共会社）を設立したブレスト・メトロポールでは、地域での上下水道広域管理の取組みを始めたのである。SEMOP方式のような官民共同出資形態になるものなども含めて、「再公営化」は「官民連携の終わり」ではなく、新たな上下水道管理の始まりなのである。まずは、この事実を認識しておく必要がある。

　そしてPPPを取り巻く背景として日本と大きく異なる点が二つある。まず一つは雇用の継続が労働法典によりしっかりと保護されていることである。地方公共団体から民間事業者に運営権が移転しても本人が希望すれば民間職員として雇用は守られる。また、民間事業者間という観点でも、例え受託企業が変わっても、新たな受託企業の下での雇用が約束されることとなる。これは、上下水道事業の現場での安定的な人材確保、事業者変更に伴う混乱を極小化するといった様々な効果があることは、日本でもしっかり認識されるべきだろう。労働法制を直ちに変えることはできないが、ルール設定などの何らかの取組みの余地はあるのではないか。

　もう一つは、日本には現存しない、PPPほか様々な施策について地方公共団体専門に支援し、技術・財務・法務のノウハウを総合的に有するコンサルタント組織の存在である。PPPは、官民が連携すると同時に、契約の相手方として利害がぶつかり合うこともある。今後のPPPの適切な推進と地方公共団体の能力増強のためには、このような事例は日本でも大いに参考となる業態と考える。

● 前提としての自己評価と戦略的な民間活用

　フランスで出会ったボルドー・メトロポールの上下水道部長が提示した一枚の資料の衝撃は大きかった。日本では、「官か民か？」といった二者択一的議論が多いが、この部長は自らのメトロポールと水メジャーの能力を、透明性、人員確保、イノベーション、リスク管理等の多様な視点で比較し、自己の組織をも相対化して能力評価することで民間事業者に求める領域を明確化していた。まさに戦略的な民間活用である。現在の日本のPPP導入は「コストカット」、職員減の「補完」を主目的に、地元企業の活用と技術継承を考慮点として方式が決まっている、と筆者は見ているが、まずは自己評価を多様な視点で行い、「任せる領域」と「任せない領域」を切り分けていくことを考える必要がある。そして、フランスで官民問わず関係者が強調していたPPPを行う上で重要な点は「官の組織の堅持」である。PPPは、文字どおり「パートナーシップ」なのである。パートナーである官側の組織の骨格が崩れることや新体制になって安易に方針変更することは、民にとっても、そして市民にとっても無責任となる。

　また、フランスでは、官民共同出資会社や公共100％出資会社も増加しつつあり、10年単位、ものによっては超長期で運営権を委ねられ、地域の受け皿になっている。官民共同出資会社は、官が少額出資することで公としての直接監視、ガバナンスを高め、かつイノベーション力等の民間事業者の強みを活かそうとする組織体系である。日本でも上下水道関係の官民共同出資会社や公共100％出資会社が数社生まれており、こうした会社が地域にとって良い効果を生み出せないか検討が欠かせない。また、今後は、地域限定で規模は小さくても、他の公共・土木施設やエネルギー等の分野も扱う官民共同出資会社について考える必要がある。もちろん、官はパートナー意識を持ち、民の「強み」に不必要な干渉をせずに、自らの役割に徹することがガバ

ナンス上、重要だと考える。

● **日本の上下水道のあるべきKPIについて考える**

　フランスでは法律に基づき厳選されたKPIがあり、コミューンまたはEPCIは毎年度、数値を議会に提出するとともに、一般公開されるデータベースに登録する義務があるため、KPIの意義は大きいと考える。官民連携の監視、モニタリングへの活用、PDCAによる業務改善手法となるのはもちろんのこと、官と民、官と官、民と民の業績比較にも利用可能だ。

　日本でも、地方公共団体がそれぞれ指標等を設定しているが、全国統一的な共通指標を「厳選」して設定することは、PPPのみならず日本の上下水道全体の継続的な改善や政策立案に効果的だと思われる。災害時対応、地域資源活用、広報等の重要政策の目的の実現に向けて、ICT活用によるデータベースなどもが充実してきた今、上下水道事業を評価するPIと評価組織、経営の透明性・情報公開について徹底的に検討すべきであると考える。

　税にしても、水道料金や下水道使用料にしても、結局は国民が財政負担する。透明性を高め、しっかりと信頼が得られれば長期的な経営の安定につながることになる。

第10部 おわりに

　私（福田）はかつて「憲政の神様」尾崎行雄氏の三女である故・相馬雪香さんと生前何度かお話をする機会に恵まれました。相馬さんはその当時90歳を超えるご高齢でしたが、私は会話を通じて人生の指針にもなるキーワードや気づきを得ることができました。そのなかに「誰（Who）が正しいのかではなく、何（What）が正しいのかが真に重要なのである」というメッセージがありました。

　日本の上下水道界に当てはめてみるとどうでしょうか。改正水道法の議論の時の「官か民か論争」では、低廉で健全な水道事業を持続させるためには何が必要か、という点はほとんど顧みられることはなく、民だからこう、官だからこう、という、まさに「誰」の議論が優先されました。また、日頃の上下水道事業運営の現場でも、「他の地方公共団体が導入しているから大丈夫かな」とか「まだ導入していないから時期尚早かな」という「誰」の議論が広くみられるように思います。

　翻って、フランスの上下水道事業の歴史的な展開を見ていると、各地方公共団体が「何」を追い求めているということを強く感じました。またその中で、新たな仕組みが生まれ続けています。再公営化したとされるブレスト市では、99年間のDSPが生まれ、しかもそれまで事例が無かった公共100％出資会社の仕組みも用いています。それはひとえにブレスト市という街が、自然と自らに必要とする事業モデルを考えた結果として、そこに行き着いたということだと思います。他者がどうか、とか、空気を読む、といったことよりも、関係者がお互いに

議論し合いながら、自分たちに必要な「何」を追求した結果だったのではないでしょうか。

　もちろん、日本でも制度と事業運営方法は進化を続けていますし、日々「何」が必要なのかを求める関係者の試行錯誤が続いています。ただ、減りゆく収入、職員、増加する施設更新ニーズといった事業環境の厳しさがますます顕著になる中、明日の上下水道事業に「何」が必要かをもっと早く、より多様な選択肢から考えることは喫緊の課題だと思われます。選択・決断をする地方公共団体の職員の方々、そして場合によっては地方公共団体の首長・議員の方々、また、制度を司る国等の関係者や民間企業の方々にとって、選択肢を考える上でのヒントが少しでも提供できたとすれば執筆者としての大きな喜びです。

　本書はフランスの上下水道のデータや制度を概括的に紹介することに力点を置いているため、中小市町村の実情や技術に関するテーマ、計数的な分析など、まだまだ調査不足の点もありますが、最後まで読んでいただいた読者の皆様に感謝申し上げたいと思います。

　本書の完成は、官民を問わず多くのフランス上下水道事業の関係者との出会いや議論、そしてそれを円滑に行うことを可能にしてくれた現地通訳者の方の支援の賜物でもあります。また、本書の作成に当たり、日本水道新聞社の吉原美穂さん、野口ひかりさんには、辛抱強く支援いただき、大変、お世話になりました。査読やコメントを頂いた友人・知人も含めて、深く御礼申し上げます。

　この本が、これからの日本の上下水道事業、関係業界のさらなる進化・創造に向けた建設的な議論への一助になればと願っています。

福田　健一郎

参考文献

第2部

- ポン・デュ・ガールHP http://www.pontdugard.fr/

- 栗田啓子（1995）「19世紀パリの上・下水道整備と土木エンジニア」、『土木学会論文集 IV（506）1-11』

- 大森弘喜（2012）「19世紀パリの水回り事情と衛生」、『成城・経済研究』第196号

- 大森弘喜（2012）「19世紀パリの水回り事情と衛生（続・完）」、『成城・経済研究』第197号

- 山崎敬文（2016-2017）「連載　コンセッションとは何か？第1回〜第12回」、下水道情報、公共投資ジャーナル社

- 三上功「フランスライフスタイル　パリの水の歴史」、https://japon.tv5monde.com/内コラム

- ヴァル＝ド＝マルヌ県観光案内所HP https://www.tourisme-valdemarne.com/

- Chatzis, Konstantinos（2006）"Brève histoire des compteurs d'eau à Paris, 1880-1930," Terrains & travaux, vol. 11, no. 2, 2006, pp. 159-178.

- Tabuchi, Jean-Pierre（2008）"L'assainissement de L'agglomeration Parisienne"

- Shulman, Jaime-Chaim（2018）A Tale of Three Thirsty Cities. Leiden, The Netherlands: Brill.

- ONEMA（2018）Observatoire des services publics d'eau et d'assainissement - Panorama des services et de leur performance en 2015

- ONEMA（2017）Observatoire des services publics d'eau et d'assainissement - Panorama des services et de leur performance en 2014

- ONEMA（2016）Observatoire des services publics d'eau et d'assainissement - Panorama des services et de leur performance en 2013

- Global Water Intelligence（2016）Global Water Market 2017
- BIPE-FP2E（2015）Public Water and Waste Water Services in France – Economic, Social and Environmental Data 6th Edition
- ローヌ・メディテラネ・コルス水管理庁HP　https://www.eaurmc.fr/
- ロワール・ブルターニュ水管理庁HP　https://agence.eau-loire-bretagne.fr/
- フランス上院レポート　https://www.senat.fr/rap/r15-807/r15-8071.pdf
- 厚生労働省「水道の基本統計」(https://www.mhlw.go.jp/stf/seisakunitsuite/bunya/topics/bukyoku/kenkou/suido/database/kihon/index.html)
- （公社）日本下水道協会「都道府県別の下水処理人口普及率」(https://www.jswa.jp/sewage/qa/rate/)
- 国土交通省「平成30年度末の汚水処理人口普及状況」(https://www.mlit.go.jp/report/press/mizukokudo13_hh_000422.html)
- 厚生労働省「最近の水道行政の動向について」(https://www.mhlw.go.jp/content/10900000/000486455.pdf)
- 国土交通省「下水道の維持管理」(http://www.mlit.go.jp/mizukokudo/sewerage/crd_sewerage_tk_000135.html)
- 仏全国委託元当局連合会（FNCCR）資料
- Council Directive 91/271/EEC of 21 May 1991 concerning urban waste-water treatment（amended 1998/15/EC）
- Arrêté du 22 juin 2007 relatif à la collecte, au transport et au traitement des eaux usées des agglomérations d'assainissement ainsi qu'à la surveillance de leur fonctionnement et de leur efficacité, et aux dispositifs d'assainissement non collectif recevant une charge brute de pollution
- （公社）日本水道協会『平成29年度版水道統計』
- オー・ド・パリ（2017）Rapport annuel 2016
- Finance Active（2016）Observatoire Finance Active Collectivités Locales

第3部

- BIPE-FP2E（2015）Public Water and Waste Water Services in France - Economic, Social and Environmental Data 6 th Edition
- セーヌ＝ノルマンディ水管理庁（Agence de l'Eau Seine-Normandie）HP, http://www.eau-seine-normandie.fr/
- 水管理庁（Agences de l'eau）総合HP, http://www.lesagencesdeleau.fr/
- セーヌ＝ノルマンディ水管理庁（Agence de l'Eau Seine-Normandie）（2017）Rapport annuel 2016, p.11
- フランス国政府（République Française）（2018）Annex Eau Project de Loi De Finances Pour 2018 Agence de l'eau
- （公社）日本下水道協会『平成25年度版下水道統計』

第4部

- ONEMA（2018）Observatoire des services publics d'eau et d'assainissement - Panorama des services et de leur performance en 2015
- BIPE-FP2E（2015）Public Water and Waste Water Services in France - Economic, Social and Environmental Data 6th Edition
- パリ市（Mairie de Paris）（2013）Rapport annuel sur le prix et la qualité des services publics d'eau potable et d'assainissement 2013
- オー・ド・パリ（Eau de Paris）HP, http://www.eaudeparis.fr/
- セーヌ＝ノルマンディ水管理庁（2018）"Les aides financières pour l'assainissement révisé 2016-2018 10e PROGRAMM 2013＞2018
- Agence de l'eau Seine-Normandie（2017）Rapport Annuel 2016
- Mairie de Paris（2017）Rapport Annuel 2016 sur le prix et la qualité des services publics d'eau potable et d'assainissement
- Mairie de Paris（2018）Rapport Annuel 2017 sur le prix et la qualité des services publics d'eau potable et d'assainissement
- Bordeaux Métropole（2018）Rapport annuel d'activité 2017 sur le prix et la

qualité des Services publics de l'eau et de l'assainissement

- Aix Marseille Provence（2017）Rapport Annuel 2016 sur le prix et la qualité du service public de l'eau et de l'assainissement
- 総務省『地方公営企業年鑑 各年度版』
- （公社）日本水道協会『水道統計 各年度版』
- （公社）日本下水道協会『下水道統計 各年度版』

第5部

- 中田晋自「フランスにおける自治体間協力型広域行政組織とその制度的発展 －「民主主義の赤字」問題と民主主義改革の動向」、『愛知県立大学外国語学部紀要（地域研究・国際学編）』（47）103-127 、2015年３月
- ONEMA（2018）Observatoire des services publics d'eau et d'assainissement – Panorama des services et de leur performance en 2015
- SEDIF（2019）Rapport annuel d'activité 2018
- Defeuilley, Christophe（2004）"Contrats et régulation des services urbains. Le syndicat des Eaux d'Ile-de-France（1922-2002），" Flux, vol. 55, no. 1, 2004, pp. 43-52.
- SEDIF HP
- SIAAP HP
- AMF（2018）Eau et Assainissement: L'AMF opposée au transfert obligatoire des compétences, Juillet 2018, https://www.amf.asso.fr/documents-eau-assainissement-amf-opposee-au-transfert-obligatoire-competences/25544

第6部

- 内閣府（2019）「平成30年度諸外国におけるPPP/PFI事業調査業務」（EY新日本有限責任監査法人受託報告書）
- 丹生谷美穂・福田健一郎編（2018）「PPP/PFI 実践の手引き」、中央経済社

- Barraqué, Bernard（2012）"Return of drinking water supply in Paris to public control," Water Policy, December 2012, 14（6）：pp.903-914.
- Barraqué, Bernard（2014）"Discussion Author response to right of reply by Anne Le Strat, deputy Mayor of Paris, to the article 'Return of Drinking water supply in Paris to public control' by Bernard Barraqué," Water Policy, April 2014, 16（2）：pp.422-424.
- Le Strat, Anne（2014）"Discussion The remunicipalization of Paris's water supply service: a successful reform,Water Policy, February 2014, 16（1）：pp.197-204.
- Eau de Paris（2014）L'eau à Paris retour vers le public, Seconde edition
- 鳥山恭一「フランスの略式株式会社制度」、『比較法学』29巻1号
- Analyse de la performance de la gestion du service de distribution de l'eau à Paris, BIPE 2008
- Judith Clifton, Pierre Lanthier, Harm Schröter, The Economic and Social Regulation of Public Utilities: An International History
- （一財）自治体国際化協会（2005）「平成16年度海外比較調査　自治体業務のアウトソーシング」
- 厚生労働省水道課「水道施設運営等事業の実施に関する検討会資料」
- ONEMA SISPEAデータベース
- ONEMA（2018）Observatoire des services publics d'eau et d'assainissement - Panorama des services et de leur performance en 2015
- BIPE-FP2E（2015）Public Water and Waste Water Services in France - Economic, Social and Environmental Data 6th Edition
- ヴェオリア社　HP
- スエズ社　HP
- Le Strat, Anne "The remunicipalisation of Paris' water supply service"（https://research.ncl.ac.uk/media/sites/researchwebsites/gobacit/Anne%20Le%20Strat.pdf）

- 浜松市上下水道部 (2019) フランス水道分野における官民連携現地調査報告書

- Delanoë, Bertrand "L'eau à Paris, communiqué de presse du maire de Paris", 5 novembre 2007

- BIPE (2008) Analyse de la performance de la gestion du service de distribution de l'eau à Paris,

- SOMEI HP

- オー・ド・パリ　年次報告書（各年度）

- SEDIFアフェルマージュ・レジー・アンテッセ契約書（https://www.sedif.com/delegation-service-public-eau.aspx）

- イル・ド・フランス地域会計検査院（Chambre régionale des comptes d'Ile-de-France）(2017) SYNDICAT DES EAUX D'ÎLE-DE-FRANCE」

- ボルドー・メトロポール (Bordeaux Métropole) (2017) Rapport annuel d'activité

- Barraque, Bernard (2011) Urban Water Conflicts: UNESCO-IHP (Urban Water Series - Unesco-ihp)

- Bouleau, Gabrielle, Laetitia Guérin-Schneider (2011) Des tuyaux et des hommes. Les réseaux d'eau en France. Editions Quæ.

- Pezon, Christelle (2003) "Water supply regulation in France from 1848 to 2001: a jurisprudence based analysis. Annual Conference of the International Society for New Institutional Economics (ISNIE) 11-13 September, Budapest, Hungary.

- Pezon, Christelle (2010) "How the Compagnie Générale des Eaux survived the end of the concession contract in France 100 years ago," Water Policy vol.13, pp.178-186.

- Pezon, Christelle (2012) "Public-private partnership in courts : the rise and fall of concessions to supply drinking water in France (1875-1928)," In Urban Water Conflicts, Baraqué eds, UNESCO

- Porcher, Simon, "France," In Simon Porcher, Stéphane Saussier (eds.) (2019)

Facing the Challenges of Water Governance

第7部

- ONEMA SISPEA HP, http://www.services.eaufrance.fr/indicateurs/ variables
- ボルドー・メトロポール (Bordeaux Métropole) (2016), "Rapport annuel d'activité 2016 sur le prix et la qualité des Services publics de l'eau et de l'assainissement

第8部
(ドイツ)

- WorldAtlasCom. HP https://www.worldatlas.com/webimage/countrys/europe/de.htm
- OECD HP https://www.oecd.org/cfe/regional-policy/Subnational-governments-in-OECD-Countries-Key-Data-2016.pdf
- JETRO HP https://www.jetro.go.jp/world/europe/de/
- DWA (2017) Sewer Systems Wastewater Water Management International Special Edition 2016/17
- Global Water Intelligence (2016) Global Water Market 2017
- 渡辺富久子 (2012)「ドイツの水管理法」、『外国の立法』254 国立国会図書館、pp.126-142
- The Water Sector in Germany Universitat Munchen, Deutschland
- Profile of the German Water Sector 2015
- Berlin Wasserbetriebe Annual Report 2015
- Berlin Wasserbetriebe HP http://www.bwb.de/de/index.php
- Schaefer & Warm, "Berliner Wasserbetreibe (BWB) – Water and sewage company in Berlin" Helmut Schmidt University/University of the Federal Armed Forces Hamburg

- 連邦カルテル庁プレスリリース　http://www.bundeskartellamt.de/
- デュッセルドルフ高等裁判所判決文　https://www.justiz.nrw.de/nrwe/olgs/duesseldorf/j2014/VI_2_Kart_4_12_V_Beschluss_20140224.html
- Frankfurter Rundschau紙　2011年2月14日記事
- Schiffler, Manuel（2015）Water, Politics and Money A Reality Check on Privatization, Springer International Publishing AG Switzerland
- ベルリン市水道の部分民営化に関する州法
- Schaefer　& Warm, "Berliner Wasserbetreibe（BWB）- Water and sewage company in Berlin" Helmut Schmidt University/University of the Federal Armed Forces Hamburg

（イギリス）

- Office for National Statistics HP
- Global Water Intelligence（2016）Global Water Market 2017
- Department for Environment, Food and Rural Affairs（2012）Waste water treatment in the United Kingdom
- 齋藤博康（2014）「英国水法変遷史」,『月刊下水道Vol. 37 No. 12.』, 環境新聞社
- Water UK,（https://www.water.org.uk/publication/industry-facts-and-figures-2014/）
- Ofwat 資料
- Drinking Water Inspectorate,（www.dwi.gov.uk/）
- Ofwat（2006）The development of the water industry in England and Wales
- Cathryn Ross（2015）The evolution of the regulatory model in water, Beesley lecture, 15 October 2015
- National Audit Office（2015）The economic regulation of the water sector
- YouGov（https://yougov.co.uk/topics/politics/articles-reports/2017/05/19/nationalisation-vs-privatisation-public-view）

執筆者一覧

〈代表執筆者〉

加藤　裕之（かとう・ひろゆき）

1960年生まれ。横浜出身。1986年早稲田大学大学院理工学研究科修了、同年建設省入省。滋賀県下水道計画課長、日本下水道事業団計画課長、国土交通省流域管理官および下水道事業課長等を歴任。公益財団法人日本下水道新技術機構・新技術研究所長、㈱日水コン・技術統括フェローを経て、令和２年４月より東京大学大学院工学系研究科都市工学専攻・下水道システムイノベーション研究室特任准教授を務める。国土交通省在職時は主に下水道政策に従事。東日本大震災・下水道現地支援リーダーを務めたほか国際水ビジネス、ビストロ下水道、市民科学等の新たなプロジェクトの立ち上げに関わる。博士（環境科学・東北大学）。
専門分野：下水道システム、下水道資源のエネルギー・農業利用、ゲリラ豪雨対策、国際水ビジネス、上下水道分野のPPP/PFI
＜主たる担当箇所：全体監修、第１部、第９部＞

福田　健一郎（ふくだ・けんいちろう）

EY新日本有限責任監査法人　インフラストラクチャー・アドバイザリーグループシニアマネージャー／早稲田大学総合研究機構水循環システム研究所招聘研究員
1985年生まれ。千葉県出身。2007年早稲田大学政治経済学部卒業、同年㈱野村総合研究所入社。2012年EY新日本有限責任監査法人入所。国内外の上下水道事業に関する制度、財政、官民連携に関して多数の調査経験を有するとともに、日本の上下水道の経営改革、先進的なPPPに関するアドバイザリー業務も統括する。公益事業学会会員、国際公共経済学会会員。
専門分野：上下水道事業を中心とした公益インフラ事業に関する経営制度、経営改革、財政運営および官民連携に関する調査や実行支援
＜主たる担当箇所：全体監修、第２部、第３部、第４部、第５部、第９部、第10部＞

〈執筆者（執筆部順）〉

関　隆宏（せき・たかひろ）

EY新日本有限責任監査法人　インフラストラクチャー・アドバイザリーグループマネージャー、技術士（上下水道部門）
2006年米国ウィスコンシン州立大学スティーブンス・ポイント校資源マネジメント学部卒

業、㈱ウェルシィおよびメタウォーター㈱を経て2017年EY新日本有限責任監査法人入所。
専門分野：上下水道分野のPPP／PFI事業計画立案、浄水場更新・維持管理計画立案、
事業体の料金制度／経営改革／官民連携支援
＜主たる担当箇所：第２部、第３部、第７部＞

玉川　傑洋（たまがわ・かつひろ）

EY新日本有限責任監査法人　インフラストラクチャー・アドバイザリーグループ
コンサルタント
2013年早稲田大学大学院政治学研究科公共経営専攻修了、一般社団法人外国人雇用協
議会を経て2017年EY新日本有限責任監査法人入所。
専門分野：上下水道事業を中心としたインフラ事業に関する経営改革／官民連携支援
＜主たる担当箇所：第２部、第８部、作成工程管理補助＞

松村　隆司（まつむら・たかし）

EY新日本有限責任監査法人　インフラストラクチャー・アドバイザリーグループ
マネージャー、技術士（上下水道部門）
2004年京都大学大学院工学研究科合成・生物化学専攻修了、同年㈱荏原製作所（現・
水ing㈱）入社。2013年EY新日本有限責任監査法人入所。
専門分野：上下水道分野における経営計画立案／経営改革／官民連携支援、水インフ
ラ輸出に向けた政策立案支援、水処理プラントの処理技術開発および水質分析
＜主たる担当箇所：第３部、第６部＞

町田　聖娘（まちだ・せーら）

EY新日本有限責任監査法人　インフラストラクチャー・アドバイザリーグループ
マネージャー
2009年名古屋大学経済学部経営学科卒業、同年日揮㈱入社。フランス駐在を経て2018
年EY新日本有限責任監査法人入所。
専門分野：海外インフラの官民連携制度調査・分析、インフラ事業の海外展開支援
＜主たる担当箇所：第３部、第４部＞

後藤　正太郎（ごとう・しょうたろう）

EY新日本有限責任監査法人　インフラストラクチャー・アドバイザリーグループ
コンサルタント
2016年京都大学大学院地球環境学舎環境マネジメント専攻修了、同年㈱建設技研イン
ターナショナル入社。2019年EY新日本有限責任監査法人入所。
専門分野：上下水道分野における経営計画立案／経営改革／官民連携支援、下水道計画
＜主たる担当箇所：第８部＞

本書は日本下水道新聞で平成31年1月30日〜令和元年7月3日付発行号で掲載した「『違い』から考える　下水道の未来」に加筆し再編集したものです。また、本文中の掲載内容は令和元年12月当時のものです。

フランスの上下水道経営
〜PPP・コンセッション・広域化から日本は何を考えるか〜

定価（本体2,800円＋税）

令和2年3月31日発行

著者　加藤裕之・福田健一郎
発行所　日本水道新聞社
〒102-0074　東京都千代田区九段南4−8−9
TEL 03（3264）6724
FAX 03（3264）6725

印刷・製本　美巧社
落丁・乱丁本はお取替えいたします。
ISBN 978-4-930941-71-8　C3034　￥2800E